원폭과 조선인

하시마의 신음소리

나가사키 조선인 피폭자 실태조사

원폭과 조선인 4
하시마의 신음소리(발굴 '하시마 자료'가 던지는 질문)

초판 1쇄 발행   2023년 7월 20일

지은이 ㅣ 나가사키 재일조선인의 인권을 지키는 모임
옮긴이 ㅣ 합천평화의집 박수경
펴낸이 ㅣ 윤관백
펴낸곳 ㅣ 선인

등   록 ㅣ 제5-77호(1998.11.4)
주   소 ㅣ 서울시 양천구 남부순환로 48길 1
전   화 ㅣ 02) 718-6252 / 6257
팩   스 ㅣ 02) 718-6253
E-mail ㅣ sunin72@chol.com

정가   16,000원
ISBN   979-11-6068-829-0   04900
ISBN   979-11-6068-828-3   (세트)

원폭과 조선인 4
하시마의 신음소리
(발굴 '하시마 자료'가 던지는 질문)

나가사키 재일조선인의 인권을 지키는 모임 지음

합천평화의집 박수경 옮김

▌ 원제 ....

原爆と朝鮮人
長崎朝鮮人被爆者実態調査報告書　第4集(1986)

－端島の呻き声－
(発掘 ʻ端島資料ʼが問いかけるもの)

長崎在日朝鮮人の人権を守る会

나가사키 원폭 조선인 희생자 추도비
(長崎原爆朝鮮人犠牲者追悼碑)

−원폭으로 죽음을 당한 이름도 없는 조선인을 위해
이름도 없는 일본인이 속죄의 마음을 담아−

1979년 8월 9일 제막

(나가사키시(長崎) 히라노마치(平野町)·평화공원)

▌일러두기

1. 일본의 연호는 메이지(明治 1868~1912), 다이쇼(大正 1912~1926), 쇼와(昭和 1926~1989)가 있다.
2. 일본어 원서의 한자 표기는 일본식 약자를 그대로 사용한다.
3. 증언자와 사망자는 개인정보노출 방지를 위하여 이름과 상세 주소를 가리거나 삭제한다.
4. ○는 가린 글자이며, ●는 오타로 여겨지는 글자이다.
5. 한자 '町(정)'은 동(洞) 정도의 행정구역으로, 한국식으로 '동'으로 읽든지 일본식으로 '쵸' 또는 '마치'로 읽는다.
6. 원서의 오카 마사하루의 주는 注로 표시하며, 역자 주는 *로 표시한다.
7. 2016년 출판된 『軍艦島に耳を澄ませば(군함도에 귀를 기울이면)』(나가사키 재일조선인의 인권을 지키는 모임, 일본사회평론사)에서 수정된 사항을 반영한 주는 ※로 표시한다.
8. 한반도 지도 등 일부 그림과 사진은 생략하였다.
9. 다음 각 글의 저자는 다음과 같다.
   머리말 : 오카 마사하루, 다카자네 야스노리, 도쿠나가 사치코
   제1부 : 오카 마사하루
   제2부 1. 1) : 다카자네 야스노리
       1. 2) ~ 2. : 오카 마사하루
       3. ~ 5. : 다카자네 야스노리
   제3부 : 오카 마사하루
   제4부 1. : 다카자네 야스노리
       2. : 오카 마사하루
   제5부 : 도쿠나가 사치코
   제7부 1. : 오카 마사하루
       2. : 오카 마사하루, 다카자네 야스노리
   후기 : 오카 마사하루, 다카자네 야스노리, 도쿠나가 사치코

목차

'조선 민족은 하나'라는 의미로
한국 국적과 조선적 사람들을 모두 '조선인'이라고 표현합니다.

1910년경 나카노시마에서 본 하시마 전경과 하시마의 연혁

하시마는 그 옛날 초목도 없었고, 지질은 수성암으로 이루어진 제3기 층으로 물살이 세게 흐르는 곳(瀬)이었다. 거기에 10m 내외의 암벽을 쌓고, 그 안에 콘크리트 건물을 위로 거듭해 쌓아올려 만든 인공 섬이다.

나가사키에서 18.5km 떨어진 해상에 떠 있는 하시마는 1810년에 석탄이 발견되었고, 그 후 1870년에 아마쿠사(天草) 사람 고야마(小山) 모 씨가 탄광 개발에 착수했다고 기록되어 있다.

하시마는 전체 면적 0.1㎢(둘레 1.2km, 동서 160m, 남북 480m)인 외딴 섬으로, 자연의 섭리대로 으레 춘하추동 계절은 찾아오고 저마다 기쁨과 슬픔이 교차하는 역사가 새겨져있다.

그곳에는 오늘날까지 시간이 흐르고 사람이 바뀌며 하시마라는 이름의 그릇 속에서 80여 년의 오랜 세월에 걸쳐, 다른 유례를 찾아볼 수 없는 독특한 사회가 자리 잡고 있었던 것이다.

일본에서 가장 오래된 원료탄을 생산하는 그 웅장한 자태는 전함 '도사'(土佐)와 닮았다하여 호사가들에게 '군함도'로 불리며 세상에 널리 알려져 현재에 이른 것이다.

하시마(군함도) 연표

1810년   노출탄 발견

1870년   아마쿠사 사람 고야마 모 씨가 탄광 개척에 착수(이와사키 야타로(岩崎弥太郎) 씨가 쓰크모(九十九)상회 설립)

1882년   나베시마번(鍋島藩) 후카호리(深堀) 영주 나베시마 마고타로(鍋島孫太郎) 씨의 소유가 되다

1887년   제1수직갱구 개착 작업에 착수(당시 고용인 일당은 25~50전)

1890년   미쓰비시사가 하시마 탄광을 매수

1891년   증류수기를 설치해, 각호에 식수 배급(소금 만들기를 시작)

1893년   사립(私立, 社立) 진상소학교 설립

1894년   (청일전쟁 시작)

1897년   제1차 매립이 행해지다(야하타(八幡)제철소 개업)

1904년   (러일전쟁 시작)

1905년   태풍으로 남부, 서부가 파괴

1906년   (사세보(佐世保)에 전등이 들어가다)

1907년   다카시마(高島), 하시마 간에 해저 전선이 만들어지다. 제5회 매립이 행해지다

1910년   (한일합방=조선 식민지화)

1914년   (제1차 세계대전 발발)

1916년   일본에서 가장 오래된 철근 콘크리트 아파트(30호 동) 건설

1918년   철근 콘크리트 9층 아파트(16~20호 동) 건설. 다카시마 후타고(二子)교류 발전소, 해저 케이블로 하시마갱 내외의 전력 수송을 실시(제1차 대전 종료)

1921년   하시마가 군함 '도사'를 닮았다고 하여 '나가사키일일신문'이 '군함도'로서 소개

1922년   상륙 선착장(크레인식) 완성

1923년	(관동대지진으로 조선인 6천~7천명 학살)
1925년	남부, 태풍으로 피해를 입다(도쥰카이(同潤会) 최초의 철근 콘크리트 아파트 나카노고(中の郷) 준공)
1926년	(도쥰카이 아오야마(青山), 야나기시마(柳島) 제1기 아파트 준공)
1927년	쇼와관(昭和館) 개관
1930년	태풍으로 서쪽 해안(西海岸)이 파괴되다
1931년	유가오마루(夕顔丸)가 와카마쓰(若松)영업소로부터 회송되어, 회사 배로서 운행됨. 제6차 매립이 행해지다
1932년	급수선 미시마마루(三島丸) 진수, 갱내 운반이 말에서 콘베어벨트로 바뀌다
1933년	여자의 갱내 노동 금지
1935년	다카시마와 하시마 소금 만들기 사업 폐지
1937년	20호 동 옥상에 사립(社立) 유치원 설립
1938년	해저 전화 통신 개통
1939년	조선인 노무자가 갱내부로서 집단 이주. 에너지 자원이 통제되어, 석탄, 석유가 배급제로 되다(제2차 세계대전 발발)
1941년	연 411,100톤 최고 출탄 기록(태평양전쟁 돌입)
1942년	제2수직갱구 출입구에 화재 발생
1943년	갱내 노동 시간 제한령 폐지, 갱내 근무 시간 12~15시간이 되다. 제2수직갱구 출입구 로프 절단사고 발생
1944년	호코구기숙사(報国寮, 65호 동) 건설
1945년	후타고 발전소가 미군의 폭격을 받아, 니코데갱도(二坑底坑道)까지 수몰(히로시마, 나가사키에 미군의 원자폭탄이 투하된다. 일본 패전, 조선 해방)

나가사키역

미쓰비시
조선소

그라바엔

가미노
시마

미쓰비시
탄갱사

이오지마

오키노
시마

고야기지마

호쿠호리

요코
시마

다카시마

노
모
반
도

나카노시마

하시마

다카하마

난고시묘

노모자키

하시마 지도

하시마

머리말

최근 본회는 나가사키현 니시소노기군(西彼杵郡) 하시마(통칭, 군함도(1974년 폐광))에서 1925년부터 1945년까지 사망한 일본인 및 외국인(조선인 및 중국인)의 '사망진단서', '화장인허증'을 발견했다.

이 문서(통칭, '하시마 자료')는 강제연행된 조선인 노무자나 중국인 포로들이 얼마나 가혹한 강제노동을 강요당하면서 일본인과 어떻게 차별받았는지를 파악하는 데 매우 중요한 자료이다.

전쟁 전 및 전시 중의 탄광 노동자가 가혹하고 비참한 노동조건에 놓여 있었음은 주지의 사실이다. 그러나 강제연행되어 동중국해 외딴 섬, 하시마에서 차별, 학대받으며, 압정에 놓여있던 조선인 노무자들의 비참한 생활을 이 자료를 통해 엿보면 격심한 분노, 슬픔과 함께 그 실체가 너무나도 선명히 떠오른다.

본회는 이 자료를 조사, 분석하여 여기 『원폭과 조선인』 제4집으로 간행하기로 하였다.

하시마에서의 21년간 사망자 총수는 1,295명이며, 그중에 조선인 122명, 중국인 포로 15명이 포함되어 있다. 그 사망 원인(사망진단서의 '병명')을 일본인과 조선인을 비교하여 살펴보면, 조선인의 경우는 압사, 질식사, 폭상사, 변사 등이 압도적으로 많다. 이것은 조선인 노무자가 얼마나 혹사, 학대당하고 위험한 장소에서 가혹한 노동을 강요당하고 있었던가를 이야기하는 것이다. 또, 조선인 사망자가 1943년부터 1945년까지 3년 사이에 급증한 것은 전쟁 상황이 격화됨과 함께 석탄 증산계획이 엄해지고 당연히 위험한 노동 강화가 행해졌기 때문으로 생각된다.

당시의 가난하고 고통스러운 생활 상태를 떠올리게 하는 것으로 급성폐렴, 장티푸스, 역리(疫痢), 폐결핵 등으로 사망한 사람이 많은 것도 특징적이며, 더욱이 소화 불량이나 영양실조로 젖먹이와 어린이 사망자, 사산이 많은 것도 눈물을 자아낸다.

이 자료는 일본 제국주의가 조선인, 중국인에 대하여 얼마나 비참하고 가혹한 강제노동을 강요하였는가 하는 실태를 명확히 폭로한다. 지금까지 사람들 사이에서 계속 숨겨지고 말할 수 없었던 사실, 즉 일본 제국주의의 비인도적 범죄행위에 조금씩 빛이 비추어진다는 의미에서 금후 큰 파문을 일으킬 것이다.

조선인들을 강제연행, 강제노동, 잔혹사, 원폭사로 몰아넣은 일본 제국주의의 범죄에 대한 참회도, 속죄도 전혀 이루어지지 않은 채 다시 조선 침략, 아시아 침략을 꾀하는 야망을 결코 허용해서는 안된다. 그 강력한 제어 장치 역할을 이 자료가 이루어 줄 것이라 확신한다.

1986년 8월 31일

나가사키 재일조선인의 인권을 지키는 모임
오카 마사하루
다카자네 야스노리
도쿠나가 사치코

'인간화'의 노력

- 역사적 윤리에 입각하여 -

나가사키총합과학대학 교수 다카하시 신지

나가사키시 남서 해상에 있으며 존폐 위기에 처한 탄광 마을 다카시마. 그리고 방치된 것과 마찬가지인 하시마.

이 하시마에서 전쟁 전, 전쟁 중에 일하고 있던 일본인, 조선인, 중국인의 생과 사를 살필 수 있는 귀중한 자료가 '나가사키 재일조선인의 인권을 지키는 모임'에 의해서 발견되었다. 1986년 8월 6일자 『아사히신문』은 이를 크게 보도하였다.

'하시마 자료'라 명명된 이들 일군의 자료를 집계하고 분석함을 중심으로 하여 이번에 『원폭과 조선인』 제4집이 발간되었다. 발간에 앞서, 나는 이 모임의 대표 오카 마사하루가 집필한 '하시마 자료(하시마·조선인 노동자들의 사망 실태)와 분석'을 정독했다. 탄광에 관한, 또 일본의 아시아 침략에 관한 몇몇 문헌, 예를 들면 내가 애착해 마지않는 지쿠호(筑豊)의 탄광부 야마모토 사쿠베(山本作兵衞)의 그림문집 『탄광에 살다-땅 속의 인생기록』(고단샤, 1967) 또는 『사진기록 일본의 침략-중국·조선』(홀프출판, 1983년) 등을 정말 펼쳐 가며 읽었다. 모두 다 읽고, 조선인 강제연행 기록과 증언 등을 다양하게 맞추며 읽었다. 이미 『원폭과 조선인』 2집에는 서정우(徐正雨) 씨의 귀중한 증언 "'감옥 섬' 하시마 탄갱에 연행되어"가 수록되어 있다. 15년 전쟁의 전 과정을 포함해 침략 전쟁의 시작부터 대일본제국의 와해에 이르기까지, 1925년부터 1945년까지 20년 동안 이 미쓰비시광업이 경영하는 하시마에서 어떠한 사태가 진행되었는가. 하시마를 "군함도라고 합니다만, 내가 말하자면 절대로 도망칠 수 없는 감옥 섬입니다"라는 서 씨의 말을 듣자면, 일본의 근대는 여기에 '아우슈비치'를 낳았던 것이라고 깊이 생각한다.

은폐하고 말살하고 왜곡하려고 하는 여러 가지 힘에 저항하면서, 오카 마사하루는 혼연히 하시마의 조선인, 중국인 노동자에 관해서 "그들을 죽게 하고 죽인 것은 누구인가"라고 날카롭게 힐문한다. 그리하여 오카 마사하루가 뜻을 같이하는 '나가사키 재일조선인의 인권을 지키는 모임'의 여러 사람들이 여기에서 시도하고 있는 것은 한마디로 말하자면 '인간화'의 노력이다. '화장인허증하부신청서' 한장 한장을 정성스럽게 읽고 그곳에 한사람 한사람의 인간—조선인, 중국인, 일본인—한사람 한사람의 삶과 죽음을 마음에 그리고, 그 '신음'과 '원통함'을 마음으로 다가가는 것이었다.

더욱이 사망원인과 사망률을 집계하여 소수점 두 번째 자리, 세 번째 자리의 극히 작은 숫자라도 이것을 자르거나 간과하지 않고 천황제 근대 일본의 아시아 침략의 역사적 문맥 속에서 이것을 고찰하고, 폭력·린치·기합·폭행·학대·학살 등등의 수많은 알 수 없는 '숨겨진 진실'을 말하고자, 땅속 깊은 곳에서 끌어내듯 끄집어내 만천하에 드러내는 것이었다. 그것은 집계하고 통계를 내어 그것으로 끝내는 것이 아니라, '숫자'를 '인간'으로 바꿈으로써 인간적 고난을 추체험하고자 하는 '인간화'의 노력이라고 해도 과언이 아니다.

조선인 강제연행, 강제노동에 대한 역사부터 설명하기 시작하여, 새로운 증언을 채록하고 하시마에서 있었던 조선인 노동자의 알려지지 않은 삶과 죽음에 빛을 비추고자 한 본서는 현대를 사는 우리들에게 현재와 미래로 깊이 이어지는, 무거운 과제가 있음을 자각하게 만든다.

'다시 한 번 우리들이 그들을 죽이지 않기 위해서!'라는 현대의 윤리, 역사적 윤리에 입각하여 편집된 『원폭과 조선인』 전 4권은 모두 하얀 표지의 소박한 분위기이지만, 시판하는 어떠한 화려한 제목으로 어떠한 훌륭한 장정을 꾸린 서적보다도 윤리적 자질이 높은, 일본과 아시아 인민의 인권 회복과 그 진실한 우호에 봉사하는 진취적 서적이라 말할 수 있다.

1986년 초가을 나가사키에서

'제3부 미지의 폭로'에 대하여

나가사키대학교육학부 조교수 후나코에 고이치

하시마에서 '화장인허증하부신청서' 1,296장의 발견은 일본 현대사의 숨겨진 암부에 훌륭하게 '빛을 비추는' 것으로서 그 자료적 가치의 크기는 정당하게 평가되지 않으면 안 된다.

이 '하시마 자료'는 바깥세상과의 소통을 완전히 차단당한 서쪽 바다 한 외로운 섬에서 어떻게 비인간적인 노예 노동이 강제당하고 있었는지, 그 가혹한 노동과 생활 실태를 전후 41년이 지나 비로소 사실을 가지고 우리들에게 살짝 엿보여준다. 게다가 그것이 다양한 불합리한 죽음의 형태를 지니고 우리 앞에 나타난 것에 우리는 한결같이 말문이 막힐 수밖에 없다.

그렇다하더라도 일본인 및 조선인, 중국인 노동자의 사망자수는 경악할만하다. 일본인은 연평균 50명에서 60명이 사망하고 있고, 특히 패전 2년 전부터 조선인 노동자의 사망률이 일거에 높아지고 일본인의 사망률을 상회하는 것은 특필할 만하다. 더욱 중요한 것은 그 사망 원인이다. 여러 가지 병사와 함께 그것을 상회하는 많은 사고사(변사)의 수가 하시마에서 있었던 노동 실태가 얼마나 저열하며 노예적이었는가를 이야기하고 있다.

또 분석에 따르면, 사고사(변사) 가운데 적어도 21명은 일본인에 의한 폭력, 린치, 학대, 폭행 등에 의한 것으로 추정되고 있는데, 이것은 본문중 하야시 에다이(林えいだい)의 책『강제연행, 강제노동 - 지쿠호 조선인 갱부의 기록』의 기술에 비추보아도 동의할 수 있는 바이다.

지옥 외딴 섬에서 도망치려한 '익사'자나 자살한 사람도 많이 있었던 사실을 포함하여 하시마에서 있었던 노동과 생활이 그곳에서 일하는 모든 인간에게 얼마나 참혹하고 가혹하며 비인간적인 것이었는지, 그것은 지금 현재 평온한 생활을 보내고 있는 우리들이 상상하는 바를 훨씬 뛰어넘는 것이리라 생각된다.

우리들은 이 자료로 하시마에서의 탄광 노동과 생활 실태를 죽음의 모양으로 엿볼 수 있게끔 되었다. 그와 동시에 특히 정당한 이유도 없이 조국에서 연행되어 굴욕적인 차별적 노예 노동을 강요당하고 의식주에서도 학대당했을 조선인, 중국인 노동자의 모습에 특별히 빛을 비추어 최대한 사실을 추측해내고, 해명하는 것이 우리들의 민족적 속죄로서 끝까지 가져야 하는 윤리적 의무라고 생각한다.

그러나 그렇다하여도 우리들은 패전 전의 일본에 의한 식민지 국가의 조선인, 중국인에 대한 많은 차별과 학대를 너무나 모르고 있다. 이 경우, 하시마에서 1943년 시점에 조선인 500명과 중국인 240(*1944년 중국인 204명의 오류)명이 노동을 강제당하고 있던 것을 나는 몰랐으며, 게다가 그 하시마에서 조선인 122명과 중국인 15명이 죽음을 맞고 더욱이 그 사인이 병사와 그것을 상회하는 사고사(변사)라는 사실에 정말로 경악했다.

생각해보면, 전후 40년 이래 우리들 일본인의 '다른 민족에 대한 책임의식의 결여, 아시아 모든 민족이 바라보는 시선에 대한 감수성 결여'(오누마 야스아키(大沼保昭))에는 정말 눈을 돌리고 싶을 정도이다. 우리들은 사실을 사실로서 응시하는 것부터 출발하지 않으면 안 되는데, 그 사실을 덮어 가리고 있어서는 그 사실도 자력으로 발굴하여 분석해 가는 것이 얼마나 어렵고, 중대한지는 아무리 지적해도 과하지 않을 것이다. 이번에 '하시마 자료'의 발견과 그 분석에 임한 '나가사키 재일조선인의 인권을 지키는 모임' 모든 분의 끈기 있는 노력에 진심으로 경의를 표하고 싶다.

가해의 근원에 있는 것

나가사키대학경제학부 조교수 야리타 에조

우선 최초로 '하시마 자료'(하시마탄광의 화장인허증 등)를 발굴하여 조선인, 중국인 노동자의 차별과 혹사 실태에 관하여 적확하고 마음을 울리는 분석을 하신 '나가사키 재일조선인의 인권을 지키는 모임'의 노력에 대하여 진심으로 경의를 표하고 싶다.

조선인 노동자 사망의 조사 규명은 비바이(美唄, 홋카이도(北海道)), 지쿠호(후쿠오카(福岡)) 등 매우 한정적이며, 그것도 자료 입수라는 점에서 해가 지남에 따라 어려워지는 와중에 40년이 지난 현재, 본 보고서를 간행한 것에 대하여 '나가사키 재일조선인의 인권을 지키는 모임' 여러분들의 집념과도 같은 정열을 느끼는 것은 나만이 아닐 것이다. 정말로 긴 세월에 걸친 질 높은 운동의 '전과'라고 할 수 있을 것이다. 내용적으로 보아도 본 보고서는 사키토(崎戸)탄광을 다룬 이노우에 미쓰하루(井上光晴)의 『광차와 바닷새』와 함께 나가사키가 낳은 우리나라에서도 빼어난 업적이라고 단언해도 과언이 아닐 것이다.

여기에는 '다양한 죽음'이 보고되어 있다. 예를 들면 '익사 4명'이라는 네 글자(이 책 107쪽)는 몇 천의 글자보다 훨씬 더 조선인이 처한 상황을 웅대하게 이야기하고 있다. 그들은 살해되었다, 우리들에 의해. 보고서의 한 자, 한 자가 그렇게 나에게 고한다. 그 무게에 단지 그저 머리가 숙여질 뿐이다. 그러나 역사를 공부하는 자로서 눈을 감은 채 있는 것은 용서받을 수 없을 것이다. 우선 '살해되었다'고 하는 점에 관해서 깨달은 것을 몇 가지 들어보고자 한다.

(1)사망 조선인의 출신지는 그 압도적 다수가 경상남도이다. 또 도키와(常磐), 홋카이도, 도호쿠(東北) 지방의 광산에 대부분 보내진 전라남도 출신자가 적은 점부터도 그들 대부분이 '강제연행'으로 하시마에 할당되어 온 사람들이었다는 것을 생각할 수 있을 것이다. 그들에게는 '강제당한 죽음'이었던 것이다.

(2)보고서에서는 1943년부터 패전이 가까워짐에 따라 일본인보다도 조선인, 중국인의 사망률이 높다고 하는 점을 "일본 제국주의 정부로부터 엄혹한 증산 명령을 받고, 탄광 노동에 익숙하지 않은 조선인 노동자, 중국인 포로를 자재 부족인 현장과 채탄 현장으로 밀어 넣어, 가혹한 증산 태세를 강행했기 때문에 나타났다"고(이 책 104~105쪽) 설명하고 있다.

그러나 출탄양은 해당시기에 점점 감소하고 있었고, 광원 한 사람당 능률도 현저히 낮아지고 있다. 이러한 경향은 전국적으로 해당된다. 예를 들면 호쿠탄(北炭) 전체로 보면 한 사람당 출탄양은 1937년 337톤에서부터 계속 감소하여 1943년 172톤, 1944년에는 149톤으로까지 떨어져있다(도쓰카 히데오(戸塚秀夫), 「일본 제국주의의 붕괴와 『이입조선인』 노동자」; 스미야 미키오(隅谷三喜男) 편, 『일본노사관계사론』). 오히려 하시마뿐 아니라 도키와나 호쿠탄에서도 그러했는데, 이 기간에 사고가 집중되어 있음에 주목할 필요가 있을 것이다. "자재 결핍은 말기 상태를 다하고(강재(鋼材), 고무는 평상시의 30퍼센트), 게다가 채탄 및 운반의 주요 기기는 노후화되어 고장이 속출하고 사고 발생률은 평상시의 7배에 이르렀다"(호쿠탄 『70년사』; 박경식(朴慶植), 『조선인 강제연행의 기록』). 조선인 노동자는 채탄, 굴진 등 작업 현장에 미숙련 노동자로서 배속되는 것이 일반적이고 따라서 작업 현장이 위험해짐에 따라 사망률이 일본인에 비하여 높아졌다고도 생각할 수 있다.

"공습 때 일본인 노동자는 피난하고, 조선인 노동자가 옥외 작업에 종사하고 있었다"라고 하는 지적과 동일한 구도가 여기에도 보인다. 본 보고서에 조선인의 사인이 연대순으로 정리, 분석되어 있다면 그 점에 관해서도 어떤 시사점을 얻을 수 있을 것이다.

(3)조선인이 병에 걸렸을 때 필시 '방치와 같음'으로 놓여 있었을 것이다. 많은 조선인이 영양 실조로 쓰러졌다고 하는 증언은 자주 듣는다. 그렇지만 영양 실조라는 글자는 사인 속에서는 보이지 않는다. 당연히 영양 실조라고 하는 것은 패전 후의 말이고 '급성소화불량'이 5명으로 많은 점을 볼 때 '영양 불량'과 함께 이것은 소위 '영양 실조'에 의한 쇠약사였으리라 추정된다. 과연 언제 병사하여도 이상하지 않은 상황에 '방치'되고 있었을 것이다.

여기에 일본인 노동자도 비참한 상태에 처해 있었다고 하는 주장에 대하여 조선인 노동자의 차별, 학대를 입증하기 위해서도 일본인과 조선인의 사인 비교가 필요 불가결할 것이다.

이상에서 기술한 점은 본 보고서의 가치를 조금이라도 감하는 것이 아니라는 점은 두말할 필요도 없을 것이다.

그러면 이러한 조선인, 중국인의 비참한 죽음을 부른 '차별'을 어떻게 받아들이면 될까. 사회 의식으로서의 '차별' 의식은 차별을 하나의 안전판으로 삼는 경제, 사회 구조와 밀접하게 결부되어 있기에 그 극복은 매우 곤란할 것이다. 탄광에 관해 보자면 가혹한 노동이나 '나야제도'(納屋制度 *전근대적 노동 착취 제도) 등으로 엄혹한 착취, 수탈이 행해지고 있었다. 그 한편으로 우에노 에신(上野英信) 씨가 그리듯이 '땅속'의 죽음을 이웃으로 하는 노동은 세속의 권위, 질서, 차별을 넘는 인간적인 노동의 세계를 보인다. 그러한 가운데에서도 조선인에 대하여 차별이 행해지고 있었다면(일본인 탄광 노동자가 조선인 노동자에 대하여 어떻게 대응하고 있었던가는 이후로 명확히 하지 않으면 안 되는 문제인데) 거기에는 다음의 도쓰카 히데오 씨가 자성의 말로 지적하듯이 '황민화' 정책 등의 이데올로기가 강력한 역할을 담당하고 있었다고 하는 점을 고려해야 할 것이다.

"'이입 조선인'에 대한 일본 제국주의의 지배가 명확한 물리적 폭력에 의한 가혹한 지배라고 하는 점만 다루어져, 물론 물리적 폭력에 지지되던 일이지만, '이입 조선인'의 정신 내면 깊은 곳까지 끼친 이데올로기적 지배가 가진 심각한 의미에 관해서는 다루어지지 않았다"(도쓰카, 위의 논문).

그러면 이러한 차별 구조를 극복하기 위해서는 어떻게 하면 될까. 그러기 위해서는 우선 "개개의 일본인을 들자면, 조선인과 똑같은 희생자라고 하여도 전체적으로 봐서 가해국의 인간이었다"(하타다 타카시(旗田巍))와 같은 가해자의 입장에서 과거를 다시 파악하는 것부터 시작하지 않으면 안 될 것이다. 그로부터 "패전 전 이상으로 악질이라고도 할 수 있는"(간 타가유키(菅孝行)), 현재의 재일조선인에 대한 차별에 대해서도 적확한 시계와 진지한 자기비판이 가능해질 것이다.

그렇지만 지금까지도 이러한 시점이 뿌리를 내리고 있다고는 아직

까지 말하기 어렵다. 노동 운동이 그러하다. 1925년 폭력 지배와 민족 차별에 저항하여 결성된 조선인노동총동맹은 1929년에 공산당 지도하의 일본노동조합전협의 산업별 조직으로 사라져 갔던 것이다(박경식, 「재일조선인 노동」, 『현대반차별의 사상과 운동』). 이것은 계급적 노동 운동을 '황민화' 정책으로 추수시켜 조선인 차별을 용인, 조장시키는 결과를 가져왔다. 일찍이 노동조합을 해체하고 일본 제국주의 체제에 봉사한 '산업보국회'하에 조선인 노동자를 속죄양으로 한 상황의 기초는 이때 생겼다고 할 수는 없는 것일까. 그리고 이러한 역사에 관하여 전후 우리들은 너무나도 무자각, 무반성이 아니었을까.

게다가 조선인 노동자를 고용한 기업의 책임을 불문에 부쳐져 온 것도 문제일 것이다. 이번에 본 보고서가 실태를 명확히 한 이상 미쓰비시광업은 혹사, 학대에 대하여 조선 및 중국에 사죄하고 재해사고 보고서 등 관계서류를 공개해야 한다.

끝으로 이후로도 '나가사키 재일조선인의 인권을 지키는 모임'의 회원들이 하시마에서 있었던 조선인 노동자의 생활과 노동 실태, 일본인 노동자의 그들에 대한 대응, 미쓰비시의 노동대책 등에 관하여 더욱 조사, 규명하실 것을 기대하며 펜을 거두기로 한다.

'재해사고보고서'의 공개를

나가사키대학상과단기대학부 조교수 니시지마 노리토모

나가사키 역사의 암부 한 부분에 귀중한 한줄기 빛이 비치었다. 발굴된 '자료'는 특히 침략 전쟁의 가해자 책임에 대해서는 함구하고 전쟁 피해로 인한 비참함만을 이야기하는 기만을 더 이상 허락하지 않는다. 바깥 세계로부터 격리된 외로운 섬에서 일어난 강제노동과 린치, 치욕, 영양 실조, 빈약한 의료, 위생. 분노와 비탄을 품고 이향의 땅에서 쓰러지고 혹은 스스로 목숨을 끊은 많은 사람들의 원한은 과연 원폭 투하에 의해 가라앉을 수 있을까.

문자대로 '인간 사냥'으로 논밭과 노상에서 육친을 빼앗기고, 일본에 노예 노동으로 강제연행되어 학대, 학살당한 끝에 겨우 '사망진단서' 한 장으로 남을 뿐이고, 속으면서 어쩔 수 없이 많은 것을 단념해야만 했을 유족의 비통한 분노는 오죽했을까. 많은 증거 서류 등을 소각하고 은닉하여 많은 비인도적 행위가 은폐되고 희생자에게 어떠한 보상도 이루어지지 않는다면 그 책임의 소재는 과연 어디에 있는 것일까.

'자료'에서 우선 느껴진 것은 1944년에 조선인, 중국인의 사망률 특히 어른(남자)의 사망률이 급격히 상승하고 있다는 점이다. 패전으로 다가갈수록 증가하는 갱내 사고와, 이 책에 분석되어 있듯이 증탄 정책의 강행으로 광부의 사망이 증가하는 것은 차별적 노무 정책이 조선인, 중국인에 집중되어 있었기 때문으로 생각된다.

상승 커브는 일본인, 조선인, 중국인의 사망률을 각 어른(남자) 사망자 수가 각 인구 총수에서 점하는 비율로 비교하면 더욱 현저해진다.

일본인
① 1925~1943년 평균 사망자 24명 사망률 1.1%
② 1944년 사망자 32명 사망률 1.4%
③ 1945년 사망자 34명 사망률 1.5%

조선인
① 1925~1943년 평균 사망자 3.7명 사망률 0.7%
② 1944년 사망자 13명 사망률 2.6%
③ 1945년 사망자 12명 사망률 2.4%

중국인
① 1943년만 사망자 1명
② 1944년 사망자 8명 사망률 3.3%
③ 1945년 사망자 6명 사망률 2.5%

즉 일본인(어른, 남자)의 사망률도 1944년에 약간 상승하지만, 조선인(어른, 남자)의 사망률은 같은 해에 지금까지의 3.5배로 뛰어올라 단번에 일본인(어른, 남자) 사망률의 2배 가까이에 달하고 있다. 더욱이 중국인(어른, 남자)의 경우는 사망률이 양자보다 높아지고 있다. 증탄의 강제 등과 함께 노동 현장에서의 민족적 차별이 이러한 결과를 가져온 것으로 생각된다.

또 조선인, 중국인은 1945년 8월 15일 일본 패전으로 강제노동에서 해방되었을 것이다. 그럼에도 불구하고 이 해의 사망률 저하가 전년 대비로 약간에 그친 점은 폭격사도 포함하여 패전 직전 반년여간 그들의 가혹했던 상황을 추측하게 한다.

조선인의 사망 원인을 점하는 사고사(변사) 비율이 병사를 상회하고 있는 것도 경악할만한 사실이다. 그리고 사고사(변사) 중 일본인 노무자와 감독의 린치 등에 의한 것이 약 3분의 1에 달할 것으로 생각되기만 하여도 강한 분노와 마음이 아픈 것을 금할 수가 없다. 사고사와 린치에 의한 사망 원인의 분류는 더욱 정확하게 할 필요도 있을 것이다. 또 사고사에서 차별적 노동의 실태를 파악하기 위해 갱내 사고마다 조선인의 피해 장소, 피해 정도를 해명할 필요가 있다. 이를 위해서는 법률로 상세한 작성이 의무로 되어 있다고 하는 방대한 '재해사고보고서'의 공개를 조속히 관계방면에 요구해야 할 것이다.

그 외, 일본인(어른, 남자)의 사망도 1943년까지는 조선인, 중국인보다 높은 비율이고 자살률도 상당수에 이르고 있는 것이 지적되고 있는데 이것은 주목할 만한 가치가 있다.

조선인, 중국인에 비할 정도는 아니었다고 하나, 엄혹한 관리와 열악한 노동, 생활조건에 처해 있었음을 엿볼 수 있다.

사고사를 점하는 '부락 출신자'의 사망 비율도 중요한 관심사이다.

일본인 아이의 사망수(예년 9~14명)가 1944년에 21명에 달하고 있는 점, 또 조선인 아이(남자)가 1932년까지는 없는데 다음해 이후로 매년 한 명이 평균적으로 사망하고 있는 점도 눈에 띈다.

이상으로 변변치 않은 글이지만, 일본 식민지 정책의 범죄의 일부분을 세상에 드러내는 귀중한 자료 '하시마 자료'가 정밀한 분석으로 지금 세상에 묻고자 하는 것에 마음으로부터 경의를 표하고 싶다.

제1부

......

용서받지 못할 범죄

조선인 강제연행 · 강제노동의 역사

原爆과 朝鮮人

1945년 8월 15일 조선은 36년간에 걸친 일본 제국주의의 식민지 지배의 굴레에서 해방되었다. 그날로부터 40여 년이 지난 지금, 일본 제국주의는 과거 조선 인민에게 저지른 악독한 범죄에 관하여 '속죄'하기는커녕 다시 맹렬한 기세로 남조선을 재침략하려 하고 있는데, 이 파렴치한 짓은 전 조선 인민의 민족적 분노를 자아내고 있다.

일본 제국주의자는 1875년 본격적인 조선 침략을 개시하여, 1910년 8월 22일 결국 총검으로 탄압해 '한일합병조약'을 강요, 조선을 식민지로 삼았다. 이들은 1945년 일본이 패전할 때까지 약 반세기 동안 조선을 점령해 자원을 약탈하고 조선 인민을 가혹하게 착취, 탄압, 학살하고 조선 민족에게 피와 눈물의 노예 생활을 강요하였다. 진실로 일본 제국주의자들은 조선 인민의 철천지원수이다.

이러한 일본 제국주의가 조선 민족에 끼친 재난과 고통 그리고 모든 물적, 인적 피해는 헤아릴 수 없다.

1910년 조선을 식민지로 병합한 일본 제국주의는 통감 정치를 총독 정치로 개편하고 헌병, 경찰 제도를 강화하여 유례없는 인민 탄압 정책을 실시하였다. 그리고 식민지에 반대하여 저항하는 조선 인민을 탄압하고 살육하기 위해 전력을 다했다. 구체적으로는 2개 사단의 육군과 2개 해군 분견대를 주둔시키고 각 군청 소재지와 주요 지점에 수비대를 배치하며, 헌병, 경찰관에게는 살상에 이르기까지의 87개 조항에 달하는 '즉결권'과 '강제집행권'을 부여해 조선 인민을 마음대로 탄압, 학살했다.

초대 일본 총독 데라우치(寺內)는 "조선인은 일본 법률에 복종하든지 아니면 죽든지"라고 공언하면서 이를 실행했다. 즉 '한국합병'을 전후해서 전 조선반도에서 벌어진 조선 인민의 반일 의병 투쟁과 그 외의 애국적 운동을 가차 없이 탄압했다. 일본 제국 군대 자신이 발표한 통계에서도 1906년에서 1911년 사이에 17,779명의 조선 인민을 학살한 것은 명백하다(조선주차군사령부 편, 『조선폭도토벌지』, 1923).

조선 인민에 대한 헌법과 경찰에 의한 광폭한 압제는 그 후 더욱더 증대하여 그 검거건 수는 1912년에 52,000여 건이었던 것이 1918년에는 142,000여 건으로 격증했다. 또 생활상의 요구를 한 조선인 노동자의 노동 운동을 혹독하게 탄압하고 토지수탈과 과한 세금에 반대하여 투쟁하는 조선인 농민 투쟁을 무력으로 진압했다.

결국 1919년 3월 1일 일본 제국주의의 폭압과 약탈 정책에 반발하여 조선 인민의 전 민족적 반발과 봉기가 시작되었다. 이 '3·1만세운동'은 조선 민족의 자유와 독립을 위한 정당한 투쟁이었다. 이에 대해 일본 제국주의는 조선 내의 군대, 경찰 등 폭압 기관을 총동원하고 더욱이 일본에 있는 군대까지 끌어들여 닥치는 대로 조선 인민을 탄압하고 학살했다. 그 결과 1919년 3월 1일부터 5월 31일에 걸친 이 3개월간만 하더라도 7,509명이 학살당하고 15,961명이 부상, 46,948명이 검거, 투옥 당했다(박은식(朴殷植), 『조선독립운동지혈사』, 1920). 조선 인민의 거족적인 '3·1만세운동'은 유혈 탄압으로 일단 진압되었지만, 일본 제국주의의 식민지 지배에 매우 큰 타격을 준 것은 사실이다.

'3·1인민봉기' 후 1919년 8월 일본 제국주의는 그때까지의 '무단통치'를 '문민통치'로 전환했다고 하지만, 그것은 야만적인 통치방식을 보다 음험하고 교활한 지배 통치로 바꿔치기한 것에 불과하다. 일본 제국주의 자신의 소극적 숫자로도 1919년의 경찰제도 개편 이전에 헌병, 경찰 기관수 1,813개소, 경관 수 14,517명이었던 것이 같은 해 말에는 경찰 기관수 28,55개소(*2,855개소의 오류), 경관 수 20,648명으로 증가,

그 후 계속 확장, 증설되었다(조선총독부경무국 발행, 『조선경찰의 개념』, 1928년 판 및 1930년 판).

더욱이 1920년대에 일어난 조선인 노동자, 농민, 학생 운동도 가혹한 탄압을 받았다. 1920년부터 1929년 사이에 조선총독부가 발표한 노동자 투쟁 704건에 대하여 예외 없이 헌병과 경찰, 결국에 군대까지 동원하여 광폭한 탄압을 가하여 수만 명의 노동자를 검거, 투옥, 학살했다.

1929년 원산 노동자의 동맹 파업에는 무장 경관 300여 명을 비롯하여 재향 군인, 소방대, 청년단을 총동원하여 유혈 탄압을 가했다. 1920~1929년 사이에 일어난 농민 투쟁 3,091건을 전부 무력으로 탄압했다. 1929년 6·10 만세운동을 진압하기 위해서 헌병과 경찰을 동원하여 평화적 데모대에 발포하여 160여 명을 검거, 투옥했다.

1929년 광주 학생 봉기를 진압하기 위해서 경관대와 군대 2개 연대를 동원하여 무방비 상태의 조선인 학생 50여 명을 참살하고 수백 명을 검거, 투옥하였다(조선총독부경무국 편, 『최근의 조선치안상황』, 1934년 판).

1930년대에 들어서 일본 제국주의는 조선을 대륙 침략 전쟁 수행을 위한 병참 기지로 만들기 위해서 조선 인민에 대한 파쇼적 폭압을 한층 증강시켰다. 동시에 조선 주둔군과 경찰 기구를 증강하여 고등 경찰과 스파이망을 보다 확장했다.

이 시기에 일본 제국주의자는 조선의 공산주의자들이 펼친 항일 무장 투쟁을 진압하고자 조선의 동북 국경 지대와 만주 지방(현재의 중국 동북부)에서 조선 인민을 매우 잔인하게 학살했다. 나남에 주둔한 19사단을 빨치산 '토벌'에 투입하고 1932년에 괴뢰 정권 '만주국'을 날조하고서는 관동군의 무력까지 동원했다. 이 1년 동안 해도 일본 제국주의는 연길현에서 1만여 명의 조선 인민을 학살했다.

1937~1938년에 날조한 '혜산사건'에서 3,000여 명을 대량 검거, 투옥했다. 그 가운데 고문으로 60여 명을 참살하고 나머지 사람들도 그 후 대부분 살해했다.

일본 제국주의는 항일 무장 투쟁의 영향으로 국내에서 노동자, 농민, 학생으로 광범위하게 전개된 운동에 대해서도 가혹한 탄압을 가했다.

1931~1935년에 걸쳐서 좌익 노조 사건으로 1,759명, 좌익 농민 조합 사건으로 4,121명을 검거, 투옥하고 가혹한 고문을 가해 학살 또는 신체장애자로 만들었다(조선총독부 발행, 『최근의 조선치안상황』, 1936년 판).

더욱이 '정치범' 또는 '사상범'이라는 명목만으로도 1930년 한 해 동안에 38,793명을 검거, 투옥했다. 1934년에는 '사상범'으로 66,055명을 검거, 투옥하고 1938년에는 165,300여 명의 조선 인민을 각종 명목으로 검거, 투옥했다(조선총독부, 『조선통계연보』, 1941).

대륙 침략, 특히 태평양전쟁 시기에는 조선 인민에 대한 일본 제국주의의 군사 파쇼적 폭력 정책과 약탈 정책은 절정에 달했다.

1940년에 소위 '사상범예방구금령', '국가보안법', '조선임시보안법' 등의 극악한 파쇼악법을 날조하고 '치안유지법'과 '군기보호법' 등을 더욱더 개악하여 '사상범', '정치범'이라는 죄명으로 조선 인민을 검거, 투옥, 학살하고 조선 전국을 감옥화하였다.

1938년에는 '육군특별지원병제'와 '해군특별지원병제'를, 1944년에는 '의무징병제'를 강요하고, 1945년에는 '국민의용군제'까지 실시하였는데 조선의 인적, 물적 자원을 모두 약탈하여 침략 전쟁에 동원하기 위해서였다. 이렇게 일본 제국주의가 조선인 청년들을 육군과 해군으로 끌어들였는데 그 수는 364,000여 명이라고 일본 당국이 발표하고 있다 (실제는 이를 상회할 것이 확실하다). 중일전쟁 도발 이후 실로 6만 명 이상의 조선인 청장년이 죽음의 강제노동과 침략 전쟁의 방탄판 (총알받이)으로 내몰린 것이다.

"일본 제국주의는 공장, 기업소에서 노동 시간의 규정조차 폐지하고 특별한 전시 규율이라고 칭하여 헌병, 군대 또는 감독의 혹독한 감시하에 노예 노동을 강요했다. 군수 공장 건설에 내몰린 조선인 노동자에 대해서는 '군사 비밀 유지'라는 구실하에 공사 완료와 함께 집단적으로 학살한 실례도 적지 않다"(박경식, 『조선인 강제연행의 기록』, 미래사).

농촌에서는 강제징용, 보국대로의 징발, 징병 등에 의한 노동력 부족과 강제공출, 각종 세금, 공납금 증가 등으로 극히 비참한 생활에 몰렸다. 조선총독부가 극히 소극적으로 발표한 통계로도 "1931~1942년 사이에 아사자, 동사자가 실로 71,334명에 달했다"는 사실은 당시 조선 인민의 비참한 생활 상황을 보여주고 있다(경성일보사 발행, 『조선연감』, 1945년 판).

일본 제국주의의 압정으로 절대로 용서되어서 안 되는 것은 조선 민족 그 자체를 말살하려고 한 '황국신민화' 정책이다. 조선 인민을 완전히 '천황의 신민'으로 만들기 위해서 '일장기 게양', '궁성요배', '신사참배', '정오묵도', '황국신민의 맹세 제창', '진영(천황, 황후의 사진)봉사', '일본어 사용' 등 각종 파쇼적 규율을 총검으로 강요했다. 더욱이

1939년에는 조선인의 이름을 일본 이름으로 고치게 하는 소위 '창씨개명'을 강요하고 역사와 전통을 가지는 조선인의 이름까지 빼앗고 아시아에서 조선 민족의 존재 그 자체를 말살하고자 한 것이다. 일본 제국주의가 수천 년 전부터 조선에 대하여 행한 침략과 만행은 일본 역사의 오점으로, 과거 반세기에 걸친 정치적, 군사적, 경제적 폭압과 죄악은 근세 역사에서는 볼 수 없는 전대미문의 악랄하기 그지없는 야만행위였다.

토지, 산림, 임야, 식량, 농수산물, 천연자원을 약탈하고 조선 인민을 도탄의 고통으로 몰아넣어 산업을 황폐화시킨 일본 제국주의의 범죄 행위는 결코 용서받을 수 있는 것이 아니다.

일본 제국주의의 조선 점령 시기, 조선의 노동자는 가장 가혹한 계급적 및 민족적인 이중 착취와 정치적 억압을 받았다. 일본 제국주의는 무장한 '감독'과 '십장'(什長, 注 반장 정도의 지위) 등의 감시하에서 조선의 노동자에게 하루 보통 12~15시간의 중노동을 강제하면서도 노임은 세계에서 가장 낮은 일본 노동자의 몇 분의 1도 되지 않는 '기아임금'을 지불했다. 일본 제국주의는 조선의 노동자에게 이러한 기아임금조차 '벌금', '세금', '저금' 등 각종 명목으로 강탈하고 만족하게 지불하지 않았다.

이러한 수탈 정책으로 파산, 이농한 농민들을 도시와 광산으로 쫓아 산업 예비군을 만들게 하고 취업 노동자의 임금을 계속 인하하고 심하게는 '만보'(マンボ (표찰제) 注 옛날 회사에서 일용노동자를 채용할 때 일의 단위 하나하나에 주는 표. 노동자에 대한 가혹한 착취의 한 방법으로 표수에 따라 가장 마지막에 임금을 지불한다), '전표제' 등을 도입하여, 중세기적 착취를 강행하였다.

특히 일본 제국주의는 중일전쟁을 도발한 다음에는 '전시 증산'이라고 하여 조선의 노동자에게 무제한적 노동 시간의 연장과 살인적 노예 노동을 강요했다.

한편 일본 제국주의는 조선 노동자의 고혈을 짜내는 데에만 급급하고 그들에 대한 노동 보호 시설에는 전혀 관심이 없었다.

이렇게 하여 수많은 조선인 노동자가 노동 재해로 희생되었다(박경식, 『조선인 강제연행의 기록』, 미래사).

일본 제국주의의 조선 인민에 대한 착취는 태평양전쟁 시기에 최악에 달한다. '전시총동원령'을 공포하여 조선 인민으로부터 물적 및 인적 자원을 강제적으로 징발하고 '징용' 및 '보국대'로서 많은 조선 청장년을 강제노동에 동원했다. 이들 조선인을 대량으로 일본에 강제연행하여 잔인하게 억압, 착취하고 학살한 사실은 국가적 범죄이다.

대륙 침략과 태평양전쟁 시기에는, 일본 제국주의는 전시 노동력 부족을 타개하기 위하여 조선인을 강제적으로 대량 징발했다. "조선인을 연행할 때 한밤중에 농가를 습격하고 백야에 트럭을 갖다 대어 밭에서 일하고 있는 조선 청장년들을 닥치는 대로 납치하는 등 글자 그대로 '조선인 사냥'을 행했다(가마다 사와이치로(鎌田沢一郎), 『조선 신화』, 1950)."

이렇게 하여 강제적으로 일본으로 연행되거나 유랑하던 조선인은 식민지 기간에 약 5백만 명에 달하는데, 이 가운데 1939년부터 1945년 사이에 115만여 명의 조선 청장년을 징병, 징용 등으로 강제적으로 끌고 왔다. 일본에 억지로 끌고 온 이들 조선인 노동자들을 일본 제국주의자는 예외 없이 탄광, 광산, 토목 공사, 군사 시설의 건설 현장 등 가장 작업이 곤란하고 가혹한 작업장에 배치하여 1일 12시간 내지 15시간이나 우마와 같이 부려먹고 그들의 고혈을 짜내었다. 게다가 이와 같이 조선인을 철저하게 혹사시키면서도 최소한의 인권과 최저 생활비조차 보장하지 않고 여러 가지 민족적 멸시와 학대를 가했다. 그 결과 무수한 조선인이 이 수십 년간 빈곤과 고역에 들볶여 굶주림과 추위에 떨면서 망국의 한을 삼키며 죽어갔다.

1941년 이후 태평양전쟁 시기로 들면서, 조선인들은 주로 헌병과 경관으로부터 곤봉의 위협과 관리, '가혹한 노동 조건'하에서 노동을 강요당하였다. 그것은 '완전히 노동의 군사적 징역제'였다(역사학연구회 발행, 『태평양전쟁사3』, 1953).

일본은 일본 지방 경찰의 장을 책임자로 하는 소위 '협화회'(協和会)를 조직하였다. 이를 통하여 조선인의 민족적 예식까지도 엄금하고 특별한 법령으로 항상 조선인을 특별 대상으로서 감시하고 조금이라도 반항적 언동을 하면 그것을 구실로 검거, 투옥하였다. 그 일례로 1933년에는 '치안유지법위반', '공무집행방해' 등 죄명을 씌워 일본에서 조선인을 49,468명이나 검거, 투옥하였다(내무성 1932~1937년, 『사회운동의 상황』). 이것은 1933년에 일본에 살고 있던 조선인의 10%를 검거, 투옥한 것이다.

더욱이 일본 주재 조선인에 대하여 정치적 목적으로 조선인 집단 학살 사건을 몇 번이나 강행했었다. 1923년 9월 관동 지방 대지진 때 일본 내무성과 군부는 그 직접 지휘로써 조선인 대량 학살 행위를 자행했다.

일본 제국주의는 재일조선인을 탄광, 광산에서 일상다반사로 참살하고, 군사 시설 건설장에 동원한 조선인 노동자를 공사가 종료되는 대로 '기밀유지'라는 명목으로 무수히 학살했다. 1938년 5월부터 1945년 5월까지 홋카이도 탄광에서 830여 명이 학살당한 것을 비롯하여 1940~

1944년 사이에 일본 전국의 탄광에서 6만여 명의 조선인 노동자가 죽음을 당했다(일본미쓰비시바바이탄광노동조합 편, 『탄광에 살다』).

"미야기현(宮城県) 센잔선(仙山線) 철도 부설 공사에서도 조선인 노동자가 대량으로 학살당했는데 지금도 이 지방에서는 '침목 하나에 조선인(희생자가) 한 사람'이라는 말이 전해지고 있다"(태평양전쟁중조선인순난자위령제준비위원회, 『조선순난자료』, 1959). 또 "다가조(多賀城)해군 병기창 강행 공사장에 조선인 노동자 수천 명을 동원하고 최소한의 생활도 보장하지 않고 노예 노동을 강요하여 많은 사람들을 영양 실조와 병으로 죽게 만들고 병으로 일할 수 없게 된 노동자를 '게으름 피운다'고 폭행을 가하고 살해하고 생매장하기도 했다"(같은 자료).

"일본 제국주의는 쿠릴제도의 가지마조(鹿島組)에 동원된 5,000여 명의 조선인 노동자를 참살하고 우루프 섬에서도 2,500명의 조선인을 살해했다"(박경식, 『조선인 강제연행의 기록』, 미래사).

이상과 같이 일본 제국주의가 조선 식민지 지배 동안에 조선인에게 가한 학대와 살인과 같은 만행은 무수히 존재하는 것이다.

그리고 일본 제국주의는 1945년 8월 15일 패배하고, 조선은 해방되며 재일조선인은 독립 국가의 공민이 된 것이다.

제2부

·······

하시마의 신음소리

하시마(군함도)탄갱과 조선인 노동자

原爆과 朝鮮人

1. 하시마탄갱의 역사

1) 들어가며

지금은 무인도가 된 하시마. 멀리서 보면 전함 '도사'를 닮았다 하여 '군함도'라는 별명이 붙은 이 섬은 나가사키항 앞 바다에 떠있는 섬들 중 유달리 작은 섬 하나에 지나지 않는다. 둘레 불과 1.2킬로. 그것을 높이 10미터 남짓의 콘크리트 방파제가 둘러싸고, 섬 전체에 높고 낮은 빌딩이 빽빽하게 들어서 있는 모양은 그야말로 군함처럼 섬뜩한 '녹색 없는 섬'이다.

낚시꾼이 무심하게 낚시 줄을 늘어뜨릴 뿐인 폐허로 변한 이 이상한 섬을 보고 사람들은 지금 무슨 생각을 할까. 거무스름한 상처투성이 몸을 깊은 침묵으로 감싸고 말 붙일 기운조차 잃은 듯이 보이는 이 하시마의 폐허로부터, 해저로부터 학대당하고 학살당한 조선인의 신음소리가 과연 들리는 것일까. 그것은 그 이름처럼 하찮은 '끄트머리 섬'으로서 그곳에 살았던 적이 없는 한 거의 아무런 감회도 주지 못할지 모른다. 그러나 하시마는 그러한 부당한 처지에 대해 무엇보다 슬퍼하며 바다보다 깊은 침묵으로 작은 몸 한가득히 계속 항의하고 있는 듯 그렇게 보인다.

마침내 지금 하시마는 침묵의 벽 한 모퉁이를 무너뜨리고 있는 것이다. '하시마 자료'의 발견은 단순한 역사의 우연한 사건이 아니고 잊히는 것을 용서하지 않는 하시마의 내적 슬픔과 고통이 참을 수 없는 분노가 되어 용암처럼 쏟아져 나온 것이다.

이 '자료'를 상세하게 분석, 고찰한 가장 중요한 부분에 관해서는

"제3부 미지의 폭로 '하시마 자료'와 분석"을 정독하기 바란다. 이 장에서는 하시마 탄광 90년의 역사가 가지는 의미, 고뇌에 찬 하시마가 우리에게 던지는 질문이 무엇인가를 고찰해보고자 한다.

하시마에서 석탄이 발견된 것은 이웃 섬 다카시마보다 약 90년이 늦은 1810년경으로 여겨지는데 탄광으로서는 1883년 사가(佐賀)번 후카호리 영주 나베시마 씨가 채굴을 시작하여 1890년에 이미 재벌 미쓰비시의 소유가 되었고 1974년 폐광 때까지 줄곧 미쓰비시의 탄광이었다. 즉 하시마는 지리적으로나 역사적으로도 다카시마의 연장선에 위치하는 미쓰비시광업 산하의 탄광이었다.

매립으로 원래 면적의 2.8배로 커졌다고는 하지만, 여전히 군함에 비유되는 작은 섬(면적 0.1㎢)임에는 변함없고 그곳에 1945년에는 5,300명이나 되는 사람들이 살았다. 너무나도 과밀한 모습이야말로 특필할 만한 것이다. 더욱이 정촌(町村) 합병으로 1955년에 하시마가 다카시마쵸로 편입되어 다카시마는 인구 밀도가 일본에서 제일 높은 마을이 되었다(『원폭과 조선인』 제2집, 66~69쪽).

그 후 석탄산업 지양 정책에 따른 업계 불황에 대해서는 알려진 바와 같으며 하시마도 폐광의 폭풍을 피할 수 없었다.

탄광 90년 역사상 이 섬이 고향인 사람도 당연히 존재하고 폐광이라는 종막이 가지는 의미도 중대한 것은 틀림없다. 그러나 증산에 증산으로 내몰려 밤낮으로 해저에서 중노동을 견디어낸 노동자의 기록이야말로 하시마 역사의 핵심이다. 특히 전시 중 목숨을 걸고 일해야만 했던 노동자들, 그중에서도 '인적 자원'으로서 소나 말처럼 혹사당한 조선인과 중국인의 탄광 안팎의 일상이야말로 하시마의 비탄 가운데 가장 아픈 부분이라 하지 않을 수 없다. 그렇지만 폐광의 비극은

계속 이야기된다 하더라도 다카시마와 하시마가 '도깨비 섬', '지옥 섬'
이라 불리며 두려움을 산 암흑의 생활사를 어느 만큼의 사람들이 알
고 있으며 또 알기를 원하고 있는 것일까.

2) 다카시마탄갱(다카시마, 후타고지마, 나카노시마, 하시마)

다이쇼 시대(1912~1926) 초기부터 1945년 태평양전쟁 패전에 이르기
까지 미쓰비시광업 가운데 '다카시마탄광'의 조업 추이를 개괄적으로
정리하면 다음과 같다(『미쓰비시광업사사』, 397~402쪽).

① 다카시마탄갱

다카시마탄갱은 그 광구가 대부분 해저에 걸쳐 있고, 그중에 '다카
시마', '후타고지마', '나카노시마', '하시마'가 여기저기 흩어져 있기 때
문에 이들 섬을 발판으로 채굴이 이루어졌다. 더욱이 1937년 당시의
광구 면적은 약 802만 평이었다.

다카시마 및 하시마의 탄층명 및 가동 탄층은 도식1, 도식2(*도식 1, 2
생략)와 같으며 그 가운데 주요 탄층은 다카시마, 후타고지마 쪽에는
십팔척(十八尺)층, 호마오척(胡麻五尺)층이 있고 하시마 쪽에는 상팔
척(上八尺)층, 호마오척(胡麻五尺)층, 반지오척(磐砥五尺)층, 십이척
(十二尺)층, 일장(一丈)층이 있다. 방향은 거의 남북이며 서쪽으로 경
사지는데 그 각도는 다카시마가 20도 전후, 후타고지마가 25도 전후,
하시마가 30~50도였다.

또 탄질은 각 층 모두 점결성이고 발열량이 높으며 유황, 인의 함유
량이 적은 최고급 석탄이었다. 용도로서는 덩어리 석탄은 선박의 분

료, 가루 석탄은 코크스용, 가스발생로용, 연탄용, 시멘트용 등으로 널리 사용되었다.

1918년 미쓰비시광업이 영업을 개시한 시점에 다카시마탄갱은 다카시마갱, 후타고갱, 하시마갱 세 곳에서 조업하고 있었다. 이하에서는 상호 관련성이 깊은 다카시마갱, 후타고갱과 이와는 독립되어 별개로 발전한 하시마갱으로 나누어 그 개략을 기술한다.

ㄱ. 다카시마갱, 후타고갱

우선 다카시마갱은 이미 다카시마의 하부를 전부 파낸 상태였기 때문에 1901년에는 가키제(蛎瀬)의 수직 갱도를 개착해 다카시마 북서부의 해저 밑을 채굴했다.

한편 나카노시마 하부 및 나카노시마와 다카시마 사이의 탄층이 유망하여 1907년 7월 후타고지마에서 후타고 사갱(斜坑)개착에 착수하여 1913년 후타고갱으로서 조업을 시작했다. 이 갱의 출탄은 점차 상승하여 1925년에는 약 11만 톤을 달성했다. 더욱이 다카시마갱은 채굴 조건에 제약을 받아 1923년 8월 조업을 중단하기에 이르렀다. 원래 다카시마와 후타고지마는 바다를 사이에 두고 떨어져 있어서 바다가 거친 날에는 다니는 배가 끊어져 연락, 통근 등을 하는 데 매우 고심하였지만, 1920년 7월에는 축제와 매립으로 두 섬이 완전히 이어져 이전까지 있었던 불편이 해소되었다.

쇼와시대(1926~1989)로 들어서 후타고갱은 남부 제3내리막길, 제4내리막길, 제1오르막길과 주요 갱도를 연장하면서 점차 안쪽과 심부로 발전하는 한편, 1929년부터 1933년에 걸쳐 갱내외에서 기계화를 중심으로 한 조업의 합리화를 추진하여 1933년에는 출탄 약 22만 톤을 달성했다.

이 조업의 합리화는 작업의 간소화로써 능률 증진을 목적으로 한 것이었는데 이 가운데 주요 항목은 주요 갱도의 반하(盤下 *채탄 면 밑에 갱도가 있을 경우) 방식 채용, 채탄 현장 채탄 면 길이(払面長)의 증대, 주요 갱도, 편반(片盤) 갱도 운반의 기계화(마필 폐지), 후타고갱 증기 권양에서 전기 권양으로의 변경, 송배전의 전압 상승, 갱내 조명의 전기화(엔진형 안전등 채용) 등이었다.

그 후 석탄 업계의 본격적인 경기 회복에 동반하여 다카시마의 심부 잔탄 구역을 채굴하기 위해서 이 섬에 있는 나카야마(仲山)에 사갱을 뚫어 1938년 4월부터 다카시마의 새로운 갱으로서 조업을 개시했다. 그러나 그 무렵 후타고갱은 갱내가 단층(斷層) 및 탄층이 불 난 구역에 봉착하여 매우 심각한 상황이었다. 1939년에 통기 불량과 다량의 메탄가스가 있는 악조건을 극복하고 쭉 뻗은 채탄 갱도의 굴진을 강행한 결과 절망적이었던 가키제 구역의 심부에 해당하는 제6내리막길 및 제7내리막길 구역에서 우량 탄층이 펼쳐져 있는 것이 확인되었고, 이후의 후타고갱 개발에 토대가 확립되었다.

그리하여 1939년 통기 및 입갱을 위한 가키제 수직 갱도의 개수 및 추굴(375m) 공사에 착수하여 1942년에 완성되는데 이로 갱내 통기 상황이 한층 더 개선되었다.

태평양전쟁 중의 후타고갱과 다카시마의 새로운 갱은 다른 탄광들과 마찬가지로 혹독한 출탄 증가 요청을 받고 외국인 노무자(注 조선인 노무자 및 중국인 포로)를 데리고 오는 등의 방식으로 증산에 임했기 때문에 1942년에는 392,500톤을 달성했다. 이는 패전 전 최고기록이 되었다. 더욱이 1942년 9월 재적 노무자는 2,963명, 그중 갱내부(坑內夫)는 2,021명이었다.

그러나 자재, 식량 부족 등이 원인이 되어 출탄양은 서서히 줄어들고 특히 1945년 7월 31일과 8월 1일 양 일에 걸친 미국 공군의 폭격 (B29 80기 침입)으로 발전소 등이 피해를 입어 결국 조업이 정지될 수밖에 없는 상태에 다다른다. 그때 다카시마의 새로운 갱은 갱내가 물로 가득 차 그대로 폐갱되었다.

② 하시마갱

1918년경 하시마갱은 제2수직갱도, 제3수직갱도로 조업하고 있었는데 새로이 발견된 십이척층을 채굴하기 위해서 1919년 10월에 제4수직갱도를 뚫는 데 착수하고 1939년 5월에 가동을 개시했다. 한편 그 사이에 채탄 기술면에 큰 진보가 있어 반하 갱도 방식과 저질탄을 가지고 들어가는 충전(充顚)법에 의한 장벽식(長壁式) 채탄법이 확립되었다. 그 결과 1925년의 출탄양은 20만 톤을 넘어 사내에서도 중견 탄갱으로서 각광을 받게 되었다.

쇼와시대 초기에 하시마갱은 연간 생산 20만 톤대의 출탄을 계속 달성하는데 채굴 현장이 점점 심부로 옮겨졌기 때문에 1930년 7월에 종래의 제2수직갱도를 깊이 636m까지 연장하기 위해 수직 갱도를 뚫는 공사에 착수했다. 동시에 갱내외 모든 시설의 합리화, 확장 공사를 개시했다. 1934년 5월 그 뚫는 공사는 종료했다. 그 후 관련 시설도 차례로 완성되어 새로운 조작의 기반이 구축되었다.

그리고 1936년 9월에 제2수직갱도가 본격적으로 가동을 개시했다. 그 이후 하시마갱은 재차 순조로운 발전을 이루어 1941년도에는 출탄양 411,100톤이라는 최고의 실적을 올리게 된다.

더욱이 1941년 12월에 재적 노무자 수는 1,826명, 그중 갱내부는

1,420명이었다.

그러나 태평양전쟁에 들어서면서 하시마갱은 후타고갱과 같은 경과를 거쳐 출탄양은 서서히 줄었다. 1945년에는 '후타고갱 폭격'에 의한 정전으로 하시마갱도 모든 갱도가 수몰이라는 중대한 사태를 맞이하게 되었다. 그러나 하시마갱 전원의 노력으로 간신히 복귀할 수 있었다.

미쓰비시광업은 소위 '스크랩 · 앤드 · 빌드(*낡은 것을 정리하고 새로운 것을 만드는 경영 기법)' 방침을 추진하는 가운데, 1969년부터 실시한 제4차 석탄 정책 방침에 따라 같은 해 5월 석탄 부문을 분리한다. 규슈 및 홋카이도 두 지구에 소재하는 사업소를 포괄하는 두 개의 자회사, 즉 미쓰비시다카시마탄광주식회사와 미쓰비시오유바리(大夕張)탄광주식회사를 설립하였다. 같은 해 9월 석탄 부문의 분리가 통산성의 정식 허가를 받아 10월 다카시마는 새로운 회사로서 발족하게 되었다. 그 후 새로운 회사는 경영 기반의 안정 확립을 도모하고자, 1973년 12월 합병을 실시하여 미쓰비시석탄광업주식회사로서 새롭게 발족했다. 이에 따라 다카시마탄광은 미쓰비시석탄광업주식회사다카시마광업소로서 현재에 이르렀다.

한편 하시마광은 먼저 하시마 주변 바다 구역을 채탄 조사한 결과, 가동 불가능한 것으로 예측되었기 때문에 미쓰세(三つ瀬) 구역의 잔탄양 채굴을 마지막으로 폐광하기로 결정되었다. 이로 1890년 미쓰비시가 계승한 이래 84년간에 걸쳐 '군함도'라는 명칭으로 친숙해진 하시마광은 1974년 1월에 결국 '천수를 다하고' 그 막을 내렸다. 하시마광 폐광에 따라, 약 100명의 직원, 광원이 다카시마로 전환 배치되고 그 외는 전국으로 흩어졌다.

2. 미쓰비시광업의 노무자 관리 실태

(『미쓰비시광업사사』, 299~307쪽 참고)

1) 고용형태

메이지 시기에는 직원 - 고용원 - 노무자 형태를 취하고 있었는데 학력에 따른 서열(고등 교육 수료자 - 중등 교육 수료자 - 소학교 교육 수료자 이하로 구분하는 고용형태)이 있었다.

> ①사용인(본사 발령), ②용원(傭員, 사업장(場所) 한정), ③고용인(雇人), ④광부(갑종 광부, 을종 광부)

①은 고등 교육 수료자, ②는 중등 교육 수료자, ③④는 소학교 교육 수료자 이하의 학력자가 일반적으로 대응하고 있었다. 본사는 ①에 관하여는 직접, 또 ②에 관해서는 그 노동 모든 조건, 대우의 기준을 ①에 준하여 간접적으로 이들을 관리했고, ③(잡무, 감독, 조장(小頭) 등) 이하에 관해서는 원칙적으로 각 탄광에 그 관리를 위임했다.

다이쇼시대 전기에는 미쓰비시 합자는 1916년 11월에 "종래 고용인에 대하여 사용해온 잡무, 감독, 조장 등의 명칭을 폐지하고 용사보(傭使補)라고 부른다"(『미쓰비시합자회사사지』)고 하였다. 그러나 미쓰비시광업은 설립 후인 1919년 3월에 인사에 관한 용어를 개정하여 ①을 정원, 또 ②를 준원으로 호칭하는 등 종업원의 서열을 다음과 같이 개정하여, 이후 인사 용어의 원형을 마련하였다.

정원-준원-준준원-광부(갑종 광부, 을종 광부)

1916년 11월에 준준원(직명은 용사보)이 고용인의 명칭 변경으로 발족하였는데 "용사보는 어떤 경우에는 임원(注 직원을 말함)에 준하고 어떤 경우에는 광부에 준하는 하나의 중간 계급이 되어 대우상 여러 종류의 문제를 야기할 뿐만 아니라, 이 중간 계급을 감소시키는 것은 사무를 간단하고 신속하게 진행하는 데에 매우 필요하다"(1919년 가을 '사업장장(長) 회의 의사록')라고 되어 있다. 이로 인해 1920년 무렵부터 합리화의 일환으로서 그 정리 문제가 거론되었다. 그러나 구(舊) 갱내 조장 등은 다이쇼 후기에는 갱내 법정 담당자로서 발파, 가스 검정 업무에 종사하였고 또 구 세와가타(世話方)는 나야(納屋)제도의 개혁과 관련이 있어서 일거에 폐지하는 것은 곤란한 실정이었기 때문에(비바이(美唄), 오유바리, 아시베쓰(芦別)탄갱 등) 1922년 이후에 자연소멸 방침이 확정되어 쇼와시대로 처리를 미루었다. 그렇지만 1935년 8월 전면적으로 폐지되었다.

나야제도 개혁 문제에 관한 대략은 다음과 같다.

'다카시마탄광 문제'(*1878년 나야가시라(納屋頭)의 학대와 착취 등에 저항하여 광부들이 쟁의를 일으킨 사건. 100명이 넘는 광부가 체포되고 사회적으로도 크게 문제화되었다)를 계기로 해서 나야가시라의 중간착취 배제가 현안이 된 다카시마 탄갱에서는 1897년이라는 이른 시기에 나야제도의 폐지, 직할 제도로의 이행을 실시했다. 그러나 다른 탄광에서는 바로 다카시마의 사례를 적용시키지는 못했다. 지쿠호(筑豊)의 모든 탄갱에서는 전과 다름없이 나야제도가 잔존하고 있었다. 그러나 노동보호 입법의 진전, 생산 설비 기계화에 동반된 기술자의 고용 증가, 가족 동반 갱부의 증가 그리고 이 시기에 진행된 경영 합리화를 통해 최종적인 해결을 꾀했다.

1914년 미쓰비시 합자의 '노동자 대우에 관한 조사보고서'(일명 '나가오카(長岡)보고'로 불림)에 따르면 나마즈타(鯰田)탄갱에서는 제1갱과 제3갱이 나야제도를, 제4갱과 제5갱에서는 세와가타 광부 제도와 직할 제도가 채용되고 있었다.

즉 세 가지 제도가 혼재했다. 오래된 순서부터 그 실태를 비교하기로 한다.

① 나야제도

ㄱ. 나야가시라의 신분과 직책

신분은 고용인이며 소속 갱부에 대해 전반적인 관리를 담당했다. 즉 모든 것을 탄갱계의 지휘에 따라서 채탄, 수선 등을 위해 갱부를 투입한다. 나야가시라 또는 그 휘하의 히토구리(人繰り *갱부들의 작업 내용을 지도하는 사람)가 구역 내 갱부의 채굴 작업을 독려하고 또 나야에 입주한 휘하 사람들의 신원 보증을 책임지면서 이들을 관리 감독하였다.

ㄴ. 모집

자비로 갱부를 모집했다.

ㄷ. 담당 갱부 수

제한을 두지 않았다.

ㄹ. 임금

제한을 두지 않았다.

ㅁ. 물품 판매

　　갱부의 음료 및 사업 용품 값 등은 회사 허가를 받은 정가로 판
　　매했다.

② 세와가타 광부 제도

ㄱ. 세와가타의 신분과 직책

　　신분은 고용인(조장(小頭)격)으로 관리계(取締係)에 속했다. 관
　　리계 및 갱무(坑務)계 감독하에 갱부의 고용 및 파견 그 외 일
　　체의 보조업무를 행했다.

ㄴ. 모집

　　회사는 세와가타에게 모집비 임금을 지불했다.

ㄷ. 담당 광부 수

　　150명으로 되어 있었으나 일정한 조건하에 증원이 허용되었다.

ㄹ. 임금

　　갱부에 대한 직접 대출은 회사의 허가가 필요했다. 더욱이 상
　　환은 회사가 임금에서 공제하여 세와가타에게 교부했다.

ㅁ. 물품 판매

　　직접, 간접을 불문하고 엄금했다.

ㅂ. 임금 지불

　　회사가 갱부에게 직접 지불했다.

③ 직할 광부 제도

ㄱ. 직제

　　회사는 전임 관리 담당자와 구리코미가타(繰り込み方) *파견 책임자

로서 갱 입구에서 인력 배치를 조정하고 작업 내용을 지도하는 사람)를 임명하고 관리계 주임이 이를 지휘, 감시했다.

ㄴ. 대표(総代) 갱부

직할 갱부가 거주하는 나야를 적당히 구획하여 조를 짜서 각조에 대표 한 사람을 두었다. 대표 갱부는 관리계 담당자의 감독하에 광부에 대한 명령 전달, 독려 및 공제(共済)에 종사했다. 대표는 매년 6월, 12월에 총 2회 그 성적에 따라 매년 수당 5엔이 지급되고 또 가옥 수선료 등이 면제되었다.

ㄷ. 모집

주선인이 맡았다.

이상은 나마즈타탄광의 사례인데, 이 단계의 나야제도는 기존의 나야제도와 다르고 상당 부분 회사의 감독하에 놓여 있었으며, 또 세와가타제도는 그 중간이라고는 하지만, 복잡한 규정이 있었으며 직할 제도도 완전한 직할 제도와는 달랐다. 이러한 각 제도가 혼재하는 실정이었다.

이 나야제도의 개선과 폐지에 관해서는 1916년 사업장 장 회의에서 우선 "종래 사용했던 나야라는 명칭을 폐지하고 사택이라고 칭한다"고 결의했다. 또 미쓰비시 합자의 기무라(木村) 전무이사가 "임원과 광부 간의 접촉을 밀접하게 하여 광부의 심리 상태를 파악하는 데 노력"할 것을 특별히 요청했다.

더욱이 쌀 폭동(*1918년 쌀값이 갑자기 많이 올라 일어난 민중 폭동)이 일어난 후인 1918년 11월 5일부터 개최된 사업장 회의에서는 다음과 같은 협의가 이뤄져 이 문제의 해결에 한 걸음 더 다가섰다. 이 역시 쌀 폭동이 계기가 된 것이다.

첫째, 나야제도를 폐지하고 점차적으로 직영 제도로 바꿀 것. 후자가 전자에 비하여 광부의 대우상, 아래와 같이 편리하다.

① 나야제도하에서 나야가시라는 광부와 회사 중간에서 쌍방에 교언영색하여 의사소통을 방해하는 폐단이 있을 뿐 아니라, 심하게는 암암리에 광부를 부추겨서 회사에 불온한 행위로 나서게 하고 이를 기회삼아 임금 인상과 쌀값 인하 등 문제를 해결하려고 한 실례가 지난 소동에서도 하나 둘 있었던 사실이 확인되었다. 나야제도를 대신하여 직영 제도로 바꾸면 이러한 폐해를 없앨 수 있다.

② 직영 제도가 회사와 광부의 의사를 소통시키고 한편 그들의 실정을 파악하는 데 편리하다.

③ 직영 제도가 일정 부분 광부들의 단결력을 제압하여 화를 미연에 막는 데 편리하다.

④ 직영 제도가 중간에서 이득을 취하는 하나의 계급을 없애 광부의 수입을 증가시키고 저축심을 장려하여 따라서 그들의 이동을 막는 데 편리하다. 더욱이 사내, 사외의 실례에 비추어볼 때 광부의 이동 등도 직영 제도가 나야제도에 비하여 그 성적이 좋다.

둘째, 생략

셋째, 임원과 광부 사이에 항상 의사소통을 꾀하여 혹시라도 소원함이 생기지 않도록 노력할 것. 그 방법으로는 다음이 있다.

① 직영 제도의 실시

② 광부 대표의 임명 또는 선거

③ 관리계(광부계)의 인선(탄갱에서는 어디서든 특히 광부 관리계의 임원이 있을 것 (생략))

④ 그 외 광부가 불행을 당하였을 경우에는 담당자가 위문 등을 하고 평상시 광부에 대한 언어, 태도에 신중을 기할 것

넷째, 생략

다섯째, 채굴(稼業) 작업의 방식과 모든 종류의 절차 등에 관하여 실제적인 해가 없는 한 광부의 희망사항을 웬만하면 수용할 것(일전에 오치(相知), 요시타니(芳谷)에서 소동이 일어났을 때 광부 측의 요구 사항에는 이런 성질의 것이 많았다).

이렇게 나야제도는, 지쿠호광업소의 각 탄갱에서는 1929년 1월, 이이즈카(飯塚)에서는 같은 해 8월, 비바이에서는 다음해 9월에 점차 폐지되었다.

더욱이 홋카이도의 탄광에서는 나야라고 하지 않고 함바(飯場)라고 칭하고 있었다. 또 광산에서 함바제도는 1930년 12월 이쿠노(生野), 아케노베(明延)를 시작으로 점차적으로 폐지되는 방향으로 움직였다.

이상과 같은 경과를 거쳐 노무자는 직할로 바뀌어 현대와 가까운 형태가 되었다. 1934년 2월 1일 본점에서는 회사 관계 노무자의 분류 기준을 제정하여 우선 그 정리를 실시하였다.

① 회사와 고용 관계에 있는 자

ㄱ. 재적 노무자

(ㄱ) 광부 또는 직공

(ㄴ) 준광부 또는 준직공(조수, 그 외)

ㄴ. ㄱ 이외의 자

(ㄱ) 수습(試用)

(ㄴ) 임시부

(ㄷ) 그 외

② 회사와 고용관계에 있지 않는 자

ㄱ. 직접 회사 사업에 관련하는 자

(ㄱ) 회사가 사역하는 도급인(請負人)

(ㄴ) 도급인의 지휘를 받는 부하

ㄴ. 간접적으로 회사 사업과 관련되는 자

(ㄱ) 구매회, 건강보험조합, 협화회 사업 등에 고용된 자

(ㄴ) 기숙사 주인(舍主) 등이 사용하는 자

1935년 8월에 현안이던 준준원(용사보)이 폐지되고 종업원은 직원(정원과 준원)과 노무자 양대 계층으로 크게 나누어지게 되었다.

2) 관리·조직

미쓰비시광업 탄갱 노무 조직의 기원은 '탄갱 관리계'이다. 탄갱 관리계는 '작업상의 것 이외로 광부의 관리 및 그 가족의 감독, 지도'(1919년 3월 '광부계 주임회의 의사록')를 그 직책으로 했다.

예를 들면 다카시마탄갱에는 종래 '갱외 관리계'가 있었는데, 1908년에 들어서 먼저 후타고갱에 있는 건물의 소관이 정해져, 모든 고용인 및 갱부의 사택은 갱외 관리계 소관이 되었다. 그리고 같은 해 가키제갱도 똑같이 되었다.

또 1911년 12월 2일 갱외 관리계는 '관리계'로 개칭되어 출근(到着) 사무까지도 소관하게 된다. 1916년 5월 2일에는 '관리 주임'이 설치되어 후타고, 가키제, 하시마 세 개의 갱을 총괄하게 되었다. 이어 1919년 11월 1일 관리계는 '노무계'로 개칭되었다. 이것은 사업장 장 회의의 결정을 토대로 하여 사내 각 탄갱과 함께 탄갱 관리계를 '노무계'로 개칭한 것이다.

다음으로 1920년 미쓰비시 본점에 '노무계'가 설치되었다.

같은 해 4월 27일에는 그때까지 편의상 가칭으로 사용하던 본점 총무과 '광부계'는 정식으로 '노무계'라고 개칭되고, 히라자와 쓰요시(平沢幹) 씨가 초대 총무과 노무 주임이 되었다.

또 노무 담당에 대학 졸업자를 배치하는 것은 상당히 늦어져, 1925년 5월 이쿠노 광산에 처음으로 '노무계'가 마련되고, 이어서 요시오카(吉岡)광산, 1926년에는 오사리자와(尾去沢), 아라카와(荒川) 두 광산 등에도 같은 노무계가 마련되었다. 1929년경 사도(佐渡)광산이 그 마지막이 되었다.

광산은 함바제도(집주인(部屋主))의 힘이 강하고 또 종래의 관습에 익숙한 분위기도 있었기에 회사는 "본점이 명령식 공문을 하나 내리면 형식적으로는 실현 가능할 듯하지만, 그렇게 해서는 나중에 운용하는 것이 쉽지 않다"는 배려 차원에서 기회를 봐가며 점차적으로 '노무계'를 설치해 나갔기 때문이다.

당시 히라자와 쓰요시는 노무 관리 이념에 관하여 다음과 같이 말했다. "노무는 사적 기업체에 있어서도 일종의 공무적인 것이다. 다시 말해 공공적 성격을 띠는 일이라고 본다. 즉 노무는 노동자 또는 경영자 어느 한쪽 편이 아니라, 산업 편이라고 하는 입장이라고 생각한다.

그리고 종업원이 가진 힘(노동)의 유용함을 충분히 살리고 기업의 유용함도 완전하게 만든다. 소임의 본령이 거기에 있고 그러하기에 사람을 만족시키고 업을 번창하게 한다. 즉 '안인창업'(安人昌業)을 목표로 하여 노무를 돕도록 하고 산업 협력자로서의 본뜻을 이룩하도록 한다. 이를 위해 살피고 돕는 것이다. 이 노무관에서 '안인창업'을 구현하는 두 개의 기둥이 종업원 단체와 노무조직이다. 바꿔 말하자면 노동자의 능률을 어떻게 적절하고 최고도로 발휘시킬 것인가, 그 산업 협력자로서의 본분을 어떻게 충분히 이루게 할 것인가 그것이 참된 노무의 목적이다"(히라자와 쓰요시 담(談)「노무 문제에 관하여」). 이 이념은 미쓰비시광업에서 후세의 노무 담당자에게로 이어졌다.

본점 노무계는 초기에는 소관 사항의 사무 기준이 아직 정해지지 않았기 때문에 새롭게 '노무 문제 조사 항목'을 작성하여 조사 연구하면서 '사업장 노무계'가 집무에 참고하도록 제공했다.

그 후 '노무계 사무 기준에 관한 건'이 1927년 12월 14일 모든 곳에 통달되었다. 즉 그 내용은 "노무자 단체의 운용과 노무 통제는 노무에 관한 우리 회사의 2대 방책으로서, '노무 기준'은 전년도의 사업장 회의에서 지시하는 것을 구체화하고 노무 통제 관리상 준거할 통일적 기준을 제시하는 것으로, 충분히 그 취지를 따르고 기준의 실행에 노력하도록 한다"는 것이다.

이 2대 방책은 히라자와 쓰요시의 노무 관리 이념에 토대를 둔 것인데, 다이쇼시대부터 쇼와시대 초기에 걸쳐 순차적으로 실시되었다.

또 노무 통제에 우선 필요한 것은 노무 담당자 교육이라는 생각에서 개인적 지도에 힘씀과 동시에 단체 훈육까지도 실시하였다. 즉 본점에서 각 사업장 담당 직원의 집합 교육을 시행하고 현장에서도 노무 담당자 강습회를 개최했다.

다이쇼 말기에 본점에서 작성하고 각 사업장에서 실시한 '노무계 외근 근무자 필휴(必携)' 중의 '첫 번째 마음가짐' 항에서도 "노무계는 인정 두터운 마음, 견실한 사풍을 일으키는 근원이다. 특히 외근 근무자는 노무자와 직접 접촉하여 친하게 지내는데, 그것이 교양의 중대한 책무이다. 즉 항상 엄하게 일신을 삼가하여 해당 사업장에서 모범이 되도록 해야 한다"고 지도하고 있다.

또 일반 노무자에 대한 교육으로서 신뉴(新入)탄갱의 예를 들자면 상식(常識)학교를 개설하여 입갱 전 일정한 시간에 짧은 시간이나마 매일 지속적인 교육을 실시했는데 이는 구리코미(繰込)학교로도 불렸다. 이는 일반 노무자의 교양을 높이고 또 의사소통을 원활하게 하는 성과를 올렸다.

다음으로 노무자 단체 운용에 관해서는 노무자의 교양 향상과 단체 훈련을 위해 재향 군인회, 청년단 등의 단체를 활용했는데, 제1차 세계대전 후의 노동계 풍조로 회사도 노무자 단체의 조성을 추진해, 1918~1919년경부터 각 탄갱에 차례로 노무자 단체가 조직된 후에 각 광산에서도 조직되었다. 예를 들면 탄갱에서는 다카시마·비바이의 친화회(가라쓰(唐津)의 협려회, 아시베쓰(芦別)의 협화회, 호죠(方城)·고가야마(古賀山)의 청년 수양회 등이 있었고, 광산에서는 오사리자와의 공익회, 이쿠노의 공영회, 사도의 여수(麗水)회, 요코미네(橫峯)의 상화회 등)이다.

이들 노무자 단체의 운용에 회사는 성의를 가지고, 본래 목적인 노사 협조, 의사소통 기관으로서의 기능을 충분히 발휘시키는 데에 힘썼다. 예를 들면 일상의 모든 문제에 관하여 노무자가 구체적인 제안을 하도록 하고, 충분히 서로 얘기하여 문제화되기 전에 신속히 처리했다.

더욱이 노무자 단체는 그 후 1932년에 협화회로 명칭을 통일하여 노사 협조 기관으로서의 형태가 완성되었고 또 회사의 복리 후생 시책도 이 노무 2대 방책 안에서 형성되어 갔다.

그 후 노무의 중요성이 한층 더 커졌기 때문에, 1934년 3월 22일부로 종전 총무부 노무계에서 승격된 '노무부'가 신설되었다(초대 노무부장은 무라카미 노부오(村上伸雄) 상무의 겸임으로 부원은 13명이었다. 부장(副長) 히라자와 쓰요시는 1936년 3월 25일 전임 노무 부장으로 취임했다).

1936년 8월 22일에는 노무계, 복지계, 서무계라는 부내 사무 분장 체제가 정비되고, 1937년 7월 18일에 '현무계'(現務係 *노동자의 생활, 가족, 복리후생 전반을 관리)가 신설되었다. '사업장 노무계'가 명실공히 동반되는 노무계가 되기 위해 본점의 방침에 따라 각 사업장마다 노무자의 직접적 관리 기구로서의 '쓰메쇼'(詰所 *일하기 위해 모여 나가있는 대기소)제도를 신설하여 해당 담당자가 충실하게 노력했다. 쓰메쇼 제도의 실태에 관해서는 "쓰메쇼 원(員, 구장(区長) 이하의 노무계원)이 광부와 생활을 함께하며 그 경조사를 진심으로 축복하고 동정하는 등 광부의 생활 속으로 심신을 투철하게 하여 광부의 좋은 아버지가 되고 형이 되어 따라서 또 광부와 그 가족들이 '우리들의 쓰메쇼'로서 쓰메쇼 원을 자애로운 아버지와 같이 따라 양자의 마음이 혼연 일체 융합되었다"는 기록이 있다.

그 후 1937년 중일전쟁의 확대에 따른 국민정신총동원, 산업보국회, 노무동원체제의 심화라는 시국에 상응하기 위해 1940년 6월 1일 '노무부'로 직제가 개정되어 종래의 계(係)를 과(課) 체제로 변경, 서무계를 폐지하고 '정원과'(整員課)를 신설하였다.

더욱이 1940년 9월 1일에는 '사업장 직제'가 개정되어 각 사업장의 노무계는 원칙적으로 '노무과'로 바뀌었다.

그 후 1941년 이후 태평양전쟁의 진전에 따라 '근로보국' 사상이 등장하고 나아가 미숙련 노무자의 '연성'(練成) 교육이 과제가 되었다. 이런 모든 사정 등으로 1944년 7월 1일에 본점 직제의 일부가 개정되어 종전의 노무부가 근로부로 바뀌었다. 그리고 각 사업장의 노무과 및 노무계도 '근로과'와 '근로계'로 개칭되었다.

3) 임금 체계의 정비

메이지 후기부터 다이쇼 초기에 걸친 임금 체계는 다음과 같았다.

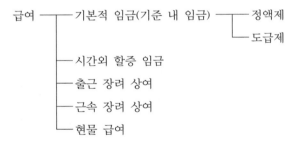

다이쇼 후기에는 '장벽식 채탄법'이 확립된 결과, 채탄부의 임금 결정 방식이 종전의 조 단위에서 채굴 현장(切羽) 단위로 변화하는 등 사회와 기술의 변천에 따라 수정되었고 점차 근대적 임금 체계로 정비되었다.

초대 초기 임금 체계는 대략적으로 다음과 같았다.

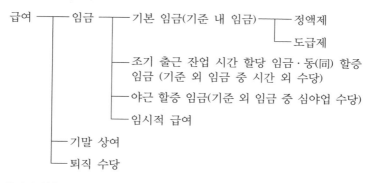

注 ( ) 안은 태평양전쟁 후의 관용어법에 의한다.

나아가 1942년 4월에 가족 수당이 처음으로 지급되고 그 외 임시 수당, 증산 수당 등도 마련되었다.

체계 정비 과정을 약술하면 다음과 같다.

① 기말 상여, 퇴직 수당의 제정

1917년도 사업장 장회의에서 회사 입장에 서서 검토한 결과, '탄갱 광부 근로 상여 규정'이 제정되어 이듬해 1918년 1월 1일부터 실시되었다. 즉 다이쇼 전기에는 후년의 퇴직 수당에 해당하는 내용은 정해져 있었지만, 아직 독립적인 '퇴직 수당 제도'는 나타나지 않고 '근속 장려 상여'로서 취급되었던 것이다.

게다가 1925년에는 다카시마와 지쿠호에서 인원 정리와 노동 쟁의를 예상하여 '독립적인 퇴직 수당 내규'를 제정하고 싶다는 제안이 나와, 1926년 가을 사업장 회의를 거쳐 '노무자 퇴직 수당 내규'가 제정되고 1927년 1월 1일부터 실시되었다. 이 규정이 미쓰비시광업에서 '노무자 퇴직 수당 제도'의 원형이 되었다.

또 '노무자 퇴직 수당 내규'를 실시함과 동시에 종전의 '탄갱 광부 근로 상여 규정'을 '노무자 근로 상여 규정'으로 개칭하고 내용도 일부 개정하여 1927년 1월 1일부터 실시되었다.

② 현물 급여(안미(安米)제도)의 폐지

'안미 제도'란 주식인 쌀값이 임금 등에 끼치는 영향이 크다는 점에 착안하여 노무자의 생활 안정을 도모하고자 회사가 실시한 쌀의 원가 공급 또는 회사 보급을 기본으로 한 저미가(低米価) 시책을 시행한 것을 가리킨다. 이것은 원래 금속 광산에서 시작되어 메이지 시기부터 순차적으로 탄광에 보급된 제도이다.

3. 하시마의 조선인 강제노동의 실태

나가사키시 주변의 여러 탄광 섬을 1년 동안 조사한 후 『원폭과 조선인』 제2집을 발행한 1983년 7월 시점에 우리는 일본 패전을 전후하여 하시마에서 강제노동 당한 조선인과 중국인 포로를 약 750명으로 추정했다(조선인 500명, 중국인 250명 ※ 이후 추가 조사로 중국인의 숫자는 204명 이며 또 포로보다 농민이 거의 대부분이었다는 사실도 판명났다).

고향 땅을 일본인에게 빼앗기고 어쩔 수 없이 유랑의 길을 떠나, 이 하시마 땅속에서 일자리를 구한 조선인의 역사는 다이쇼 시대로 거슬러 올라가는데, 500명이라는 많은 인원으로 증가된 배경에는 1939년 당초는 '모집'이라는 명목으로 개시된 소위 강제연행이 있다. 그것을 '모집'이라 부르든 '관 알선'이라 부르든 결과적으로는 강제연행과 다름없으며, 결국 징용령(1944년)을 시행하여 '조선인 사냥'을 강행한 결과이다.

증언자는 말한다. "조선인도 '근로봉사대'라고 해서 500백 명 정도가 왔지. 나도 조선에 모집하러 갔어. 조선총독부가 세 마을(町) 정도 할당하여 한 마을에서 40~50명을 데려오게 했지. 그냥 강제였어"(『원폭과 조선인』 제2집, 77쪽). 우리의 조사에 귀중한 증언을 해주신 서정우 씨는 아직 어린 14세에 이 섬으로 연행되었다. "징용이라고는 해도 너무 갑작스러운 강제이고 닥치는 대로 강제연행한 것과 같아요. 잘 아시죠? 열네 살이면 지금 중학교 2학년이에요. 작은할아버지는 일손이 없어진다며 강하게 반대했지만, 상대는 들은 척도 안했어요"라고 그는 이야기한다(같은 책, 70쪽).

그리고 유랑 끝에 이곳으로 다다른 사람이든, 강제연행을 당한 사

람이든 일단 발을 들여 놓으면 더 이상 마음대로 빠져나갈 수 없는 '감옥 섬'이었다. "가족을 불러들인 사람도 있었어요. 그러나 섬 밖으로는 나가지 못하게 했어요", "하시마의 길은 이 길 하나뿐입니다. 이 길 하나를 매일 지나며 제방 위에서 멀리 조선쪽을 바라보며 몇 번이나 바다로 뛰어들어 죽으려고 생각했는지 모릅니다. 어떤가요? 하얗게 부서지는 이 파도는 그때랑 조금도 다르지 않아요. 동료 중에는 자살한 사람, 다카하마(高浜)로 헤엄쳐 도망가려다 익사해 죽은 사람 등 사오십 명은 됩니다", "견디지 못하고 헤엄쳐 도망가려는 자를 '게쓰와리'(ケツ割り)라고 불렀어요. 탈주를 시도하는 사람도 가끔 있었죠. 다카시마가 가장 가깝지만, 거기는 같은 미쓰비시탄광이에요. 도망치려면 노모(野母)반도로 향할 수밖에 없었죠. 그러나 눈앞에 닿을 듯해도 조류에 막히고 말아요. 쓰요지(津代次) 씨도 게쓰와리에 실패하고 익사해 죽을 뻔한 남자를 배로 구한 적이 있어요. 그러나 익사를 면해도 탈주 미수자는 나야가시라(納屋頭)라고 지금으로 말하자면 기숙사장(寮長)으로부터 반죽음 당할 꼴을 각오해야만 했죠"(같은 책, 69~80쪽).

게다가 매우 열악한 의식주 조건 아래에서 형언할 수 없는 위험한 중노동과 차별대우, 구타로 매일을 보내었다. "우리 조선인은 이 모퉁이 구석에 있는 2층 건물과 4층 건물에 들어가게 했습니다. 한 사람이 다다미 한 장 크기도 안 될 좁은 방에 일곱, 여덟 명이 함께 지냈습니다. 외견은 모르타르나 철근이지만 속은 너덜너덜 했습니다", "우리는 쌀자루 같은 옷을 받아 입고 도착한 다음날부터 일을 해야 했습니다", "이 바다 밑이 탄광입니다. 엘리베이터로 수직 갱도를 땅 속 깊이 내려가면 아래는 석탄이 착착 운반되어 넓지만, 굴착장으로 들어가면 엎드려서 파야만 하는 좁은 곳이어서, 덥고 고통스러우며 피곤한 나

머지 졸음이 몰려오고 가스도 쌓이고 게다가 한편으로는 낙반 위험도 있으니 이대로는 살아서 돌아갈 수 없을 거라고 생각했습니다. 낙반으로 한 달에 네다섯 명은 죽었을 겁니다. 지금처럼 안전을 생각하던 탄광이 전혀 아니었습니다. 사체는 하시마 옆 나카노시마(中ノ島)에서 태웠습니다. 지금도 그때의 가마가 있을 겁니다. 이런 중노동에도 식사는 콩깻묵 80%, 현미 20%로 된 밥에 정어리를 덩어리째 삶아 부순 것이 반찬이었습니다. 나는 매일같이 설사를 해서 무척 쇠약해졌습니다. 그래도 일을 쉬려고 하면 감독이 와서, 왜 있잖아요. 거기 진료소가 당시에는 관리 사무소였기 때문에 거기로 끌고가 구타했습니다. 아무리 몸이 아파도 '네, 일하러 가겠습니다' 하고 말할 때까지 두들겨 팼습니다. '마음대로는 못 한다'는 말을 몇 번이나 들었을까요", "중국인, 조선인은 평소 차별당하고 있었죠. 자급용 소나 염소를 잡아도 머리나 뼈밖에 돌아오지 않았어요. 전시 중 탄광이 혹독한 것은 군대보다 더해요. 헤엄쳐서 도망가려다 물에 빠져 죽는 사람이 1년에 4, 5명은 있었어요. 외근이란 말하자면 탄광의 사설 경찰제인데 말을 잘 안 들으면 모두 외근 본부로 끌고 갔죠", "패전이 가까워지면서 남자 일손이 모자라니 중국인 포로나 조선인을 많이 끌고왔지. 일본인 광부가 사는 곳에서 떨어진 숙소에 한꺼번에 집어넣었는데 좁은 섬에서 있었던 일이죠". 지금도 쓰요지 씨의 귓전에는 그 사람들이 부르짖는 건지 우는 건지 알 수 없는 슬픈 소리가 맴돈다. "딱 한 번 소리가 나는 방을 훔쳐본 적이 있어요. 아직 스무 살 전으로 보이는 조선인 젊은 남자가 무릎을 꿇린 채 무릎 위에 커다란 돌을 얹고 있었어요", "기숙사에 들어가 하루 2교대로 하는 중노동이죠. 노무계 감시가 혹독하고 피곤해서 일하러 나가지 못하거나 가족에게 보내는 편지에 섬의

실정을 쓴다든지 하면 곧 끌려갔죠. 노무 사무소 앞 광장에서 손을 묶은 채 조선인을 노무계 사람 셋이 돌아가며 군용 가죽 벨트로 때렸어요. 의식을 잃으면 바닷물을 머리에 부어 지하실에 가두고 다음날부터 일을 시켰어요. 하루에 두세 사람이 이런 식으로 폭행을 당해요. 옥외에서 이런 짓을 한 것은 우리 모두에게 보여주기 위해서였어요. 입으로는 도저히 말할 수 없을 정도의 심한 구타였죠"(같은 책, 같은 부분).

마침내 하시마는 원폭의 섬광과 버섯구름을 걸리는 것 하나 없이 바다 위 저 멀리서 직시하고 일본의 항복 소식을 접하게 되는데 여기서 더욱 잊을 수 없는 것은 일본인의 추한 모습이다. 그것은 외근계 직원들의 야반 도주라는 사실이다. "종전은 8월 15일 밤 8시인가 9시인가 외근 본부로 전화로 알려주었어. 모두에게 들키면 안 된다면서. 우리가 횟술을 마시고 있을 때 다카시마에서 보낸 회사 배가 왔어. 중국인과 조선인 담당자를 그 밤사이 하시마에서 피난시켰지. 우리가 우왕좌왕 하고 있으니 중국인들도 알아챘겠지. 목소리를 맞추어서 '만세, 만세' 하고 밤중까지 외치는 소리가 울려 퍼졌어", "패전 후 얼마 되지 않아 이 사람들은 본국으로 돌아간 것 같아. 그들을 괴롭힌 회사 외근계는 패전 소식을 듣고는 보복이 두려워 재빨리 몸을 피했다고 해"(같은 책).

4. 하시마의 조선인 노동자에 관한 증언

1) 승려는 말한다, "기억나지 않는다"

패전 전(戰前, 戰中)에 있었던 하시마의 노동자에 관해 증언해주는 사람은 많지 않다. 도서 지역을 조사하던 중 우리에게 증언을 해준 사람은 피폭 증언자들이었고, 가까운 사람으로서는 서정우 씨 단 한 사람뿐이었다. 신문, 잡지 등 소위 문헌 조사도 의지하지 않을 수 없었는데, 그런 의미에서도 이번 '하시마 자료' 발견의 의의는 매우 큰 것이다.

1983년 7월 『원폭과 조선인』 제2집을 발행한 후, 앞서 기술한 해난자무연고사망자비(海難者無緣仏之碑)의 존재가 어느 한 고교 교사에 의해 알려지는데, 그것은 조사의 실마리를 찾던 중에 옛 동사무소(役場) 직원 2명의 증언을 만난 덕분이다. 그리고 이 증언 속에서 하시마 중앙부에 있었던 센푸쿠지(泉福寺)라는 절의 주지를 찾아서 물어보면 군함도의 사망자 등에 관해 "잘 알고 계실 것"이라는 말과 함께 주지의 이름도 소개받았다. 이 사람의 현주소를 다른 기회에 우연히 알게 되어 그가 진실을 알려줄 유력한 증언자가 되어줄 것을 기대하고 우리 회원이 찾아갔지만, 주지의 기억 속에 조선인은 존재하지 않았다.

"조선인을 보기는 했지만, 이야기를 나눈 적도 없고 매장을 한 적도 없어서 별로 기억나는 것이 없습니다. 도망가려고 바다에 뛰어들어 죽었다는 이야기도 들은 적이 없습니다"(『원폭과 조선인』 제3집, 30쪽).

고령(증언 당시, 82세)의 승려가 증언 의뢰에 응해준 것에 감사해 마지않을 뿐 아니라, 그의 명예를 훼손할 생각 따위는 털끝만큼도 없다. 그러나 '회사가 만든' 절에서 1929년부터 하시마가 폐광될 때까지 45년간이나 주지로 있으면서, 잊을 수 없는 일에 대해서는 이것저것 모조리 말씀하신 분이 조선인에 관한 일은 "별로 기억나는 것이 없습니다"라고 하는 증언, 그리고 "매장한 적도 없다"고 하는 증언에는 깜짝 놀랐다(*하시마의 유골을 다카시마의 천인총(공양탑)으로 옮길 당시의 영상에서 조선인 이름의 위패가 확인되며(나가사키 방송 '군함도가 가라앉을 때'(軍艦島が沈むとき) 1974), 일본의 장례는 거의 대부분 승려가 함께한다).

옛 다카하마무라(高浜村) 직원이 시사하는 것과 다르기는 하지만, 이 사람뿐 아니라 조선인에 관한 것을 잘 기억하고 있는 일본인은 흔하지 않다. 그것이 즉 일본이며 일본인이라고도 할 수 있을 것이다. 그러나 "매장한 적도 없다"니. 도대체 무슨 말인가. 이번 '하시마 자료'는 다이쇼 시대부터 하시마에서 사망한 엄청난 숫자의 조선인 남녀노소의 화장 사실을 폭로하고 있다. "매장한 적도 없다"는 증언과 "좁은 섬이라서 패전 전후를 통틀어 무덤은 없었습니다. 나카노시마나 다카시마에서 유골을 태워 유족의 고향으로 가지고 갔습니다"(같은 책, 29쪽)라는 증언에 따르면, 일본인이든 조선인이든 그 유골을 인수하는 사람이 있었던 경우는 그렇다 치고, 만일 유골을 거두어들일 사람이 없었던 경우 어디서 어떤 대우를 받았던 것일까. 들일을 하던 젊은이를 무리하게 연행하다시피 해서 끌고 왔으나, 그 유골만은 정중하게 연고자의 품으로 돌려보냈다는 식의 이야기는 아마도 일본 어디서도 결코 찾아볼 수 없을 것이다. 진실은 더욱 어둠 속에 묻히고 마는 것인가.

2) 정부·지방자체단체·기업의 책임

부당한 조선 침략의 결과로서 조선 민족이 받은 여러 피해에 대한 일차적인 책임은 두말할 나위도 없이 일본 정부에 있다. 한일기본조약(1965년)으로 모든 것이 매듭지어졌다고 주장하는 일본 정부의 태도는 노골적인 남북 분단 정책이며, 일본의 서쪽 끝인 하시마의 실태가 그러했듯이 하나밖에 없는 생명을 학대하고 학살한 책임을 전혀 지지 않겠다는 무책임한 태도이다. 패전 직후 국가 권력에 의해 자행된 증거 인멸은 반성 없이 지금까지도 뿌리 깊은 근성으로서 계속되고 있다고 말할 수밖에 없다. 일본 정부는 강제연행이나 내외 조선인 피폭자의 실태 조사조차 하고 있지 않는 것이다.

그러나 '하시마 자료'는 용하게도 증명하고 있다. 지방 자치 단체(현·시정촌(県·市町村))는 각종 행정자료를 스스로 소유하고 있으면서도, 조선인 피해에 대해서는 차별적인 태도 혹은 무위무책으로 일관되게, 통계적인 인적, 물적 피해의 실상조차 규명하지 않고 있다. 지방 자치 단체 역시 그 무책임함에서는 정부와 똑같은 죄를 저지르고 있다.

더욱이 업계와 기업도 책임을 회피하고 있다. 하시마와 연관된 기업은 미쓰비시광업이다. 당시 국가 권력과 산업계가 결탁하여 매년 강제연행자 수를 결정해 각 기업으로 보냈는데, 석탄 업계의 '인적 자원' 확보 움직임은 광산, 토건업과 함께 가장 일찍 태평양전쟁 개시 전부터 이미 시작되었다. 연행한 것이 국가 권력에 의한 강제라면, 일본으로 건너간 후 매일 같은 강제노동과 엄혹한 생활은 기업과 행정, 경찰 기관, 협화 관련 단체 등의 긴밀한 연계를 통한 감시하에 이뤄졌다.

기업과 국가, 행정 권력은 일체였으며 기업에 남은 조선인 노동자에 관한 자료는 실로 방대한 양임에 틀림없다. 그럼에도 불구하고 그토록 조선인을 혹사시킨 기업 중 어느 곳도 자신들이 소유한 자료나 기록을 공개하거나 자주적인 조사, 분석을 실시해 스스로 책임을 물었다는 이야기는 들은 바가 없다. 결국 기업도 전쟁 전과 조금도 다름없는 태도로서 조선인의 피해를 어둠 속에 묻은 것이다.

그중에서도 특히 전쟁과 함께 성장해 온 미쓰비시중공업은 전쟁의 추진력 그 자체였고, 결국에는 원폭의 공격 목표가 되어 히로시마, 나가사키의 주민을 죽음의 소용돌이로 끌어들인 일본 최대의 군수 공장을 운영한 전쟁 전범 기업이었다. 재벌 해체로 그 책임을 면할 수는 없다.

일본 패전 당시 징용공을 포함해 종업원 수 약 36만 명을 거느린 거대 기업이었던 미쓰비시중공업이 당시 나가사키시와 그 주변 산하 공장 및 탄광에서 강제노동을 시켰던 조선인 수는 우리의 조사 결과(현시점)에 따르면 13,158명을 헤아린다. 자세히는 미쓰비시조선 관련 6,350명, 미쓰비시제강 관련 675명, 미쓰비시병기제작소 2,133명, 미쓰비시광업 다카시마탄갱 3,500명, 그리고 하시마탄광 500명이다.

전후 미쓰비시중공업이 이들 조선인 노동자에 관한 내부 자료를 공개할 조짐은 보이지 않는다. 미쓰비시중공 히로시마조선소와 관련된 '미불임금 명부'를 포함하는 일괄 공탁 서류가 히로시마 법무국에 공탁되어 있음에 불과하다. 이 역시 결코 미쓰비시가 주체적으로 나선 것이 아니라, 유족과 생존자 및 그 지원 단체의 추궁에 의해 "정부가 움직이면 미쓰비시도 고려해보겠다"는 정부 의존, 책임 전가의 자세를 견지한 채로 마지못해 공탁하게 된 것이다. 강제연행하여 학대하

다가 원폭 희생자, 난파선 희생자를 만들어낸 것에 대해 털끝만큼의 법적, 인도적 책임조차 자각하고 있지 않은 것이다. 실제로 지금도 국가 권력과 보조를 맞추어 해마다 일본 최대의 무기 생산을 증강시키고 있다. 그리고 이런 상황을 허락하고 있는 것은 바로 우리 자신이라는 점을 인식해야 한다. 조선인 징용공 및 그들의 원폭 피해에 대한 미쓰비시중공 나가사키조선소의 자세는 잊을 수 없는 하나의 사건을 통해 극명하게 드러난다. 그것은 해당 조선소 안에서 작업 중에 피폭당한 서정우 씨가 증언자로 출연한 조선인 피폭자에 관한 기록 영화 '세계의 사람들에게'('世界の人へ', 모리 젠키치(盛善吉) 감독, 1981)를 촬영할 당시 피폭 지점까지 구내 출입 허가를 신청하자 조선소가 거부한 사건이다. 감독, 촬영 스태프와 함께 이곳을 방문한 서 씨와 히로시마조선인피폭자협의회 회장 이실근(李実根) 씨 팀을 앞에 두고 미쓰비시는 행정 당국(현·시)의 요청이 있다면 고려할 여지가 있다고 하면서도, "이런 종류의 요망에 대해서는 모두 거절하겠습니다"라며 완전히 예상 밖의 답변을 반복했다. 14세의 나이에 선체의 '가시메치기' 노동(*기구 등의 이음메를 공구로 단단히 죄는 일)에 종사할 수밖에 없었던, 엄연히 미쓰비시조선소의 종업원 출신인 서 씨에 대하여 예의를 갖추는 척하지만 무례하고 당돌하게 그를 거절했다.

이 충돌 장면이 '세계의 사람들에게'에도 담겼는데 제작 목적과 증언 취지를 필사적으로 역설하던 서 씨의 불타오르던 시선은 이윽고 언어의 무기력함에 대한 분노인지 슬픔인지 알 수 없는 안타까운 시선으로 무너져 내렸다. 차마 곁에서 지켜볼 수도 없는 이런 눈빛을 그에게 강요할 권리가 미쓰비시에 있을 리가 없다. 미쓰비시가 가진 것은 조선인에 대한 불변의 묵살, 학살의 '논리'뿐이다.

그때가 8.9 원수금세계대회를 며칠 앞두고 네덜란드 포로로서 같은 곳에서 피폭을 당한 야겐 온켄 씨가 미쓰비시조선소 구내에 마련된 보도진의 비디오카메라 앞에서 피폭에 관한 증언을 하여 크게 방영된 직후였다. 당연히 미쓰비시에 대한 항의 행동이 일어나 우리도 적극적으로 참여했다. 행정 당국인 나가사키시를 통해 실현하고자 시장의 이해와 협력을 요구하는 운동이 고조되었다.

당시 모토시마 히토시(本島等) 시장은 이 기록 영화 제작에 찬성의 뜻을 표명한 사람 중 한 명이었고 '평화', '핵무기 폐기', '피폭자 원호'를 강하게 어필해 왔는데, 시장으로서 미쓰비시 구내 출입 허가를 요청하는 행동에는 나서지 못했다. "남의 집 부엌에 대해서 트집 잡을 수는 없다"는 것이 일관된 거절 이유였다. 미쓰비시에 대한 내밀한 타진이 실패로 끝난 결과라고 보는 견해도 있었으나, 아무리 그렇다 해도 시장의 거절 표명은 미쓰비시의 부당한 태도를 추인하는, 너무나도 도리에 어긋난 처신이다.

대기업과 행정 당국이 일체가 되어 조선인을 차별하고 배제하는 구조가 느닷없이 시민들 앞에 그 모습을 드러냈다. 전후의 '평화주의', '민주주의'라는 명분 덕에 가해자로서의 책임은 교묘히 은폐되고 '유일한 피폭국'이라는 피해자 의식만이 앞서는 지금의 현실도 역시 기업과 행정 당국이 하나가 되어 이루는 무책임한 체제에 의해 유지된 것이다. 가해자가 피해자를 내쫓는 이러한 위선에 찬 구도를 언제까지 계속해서 지니고자 하는 것일까.

결국 서정우 씨는 철조망 너머 멀리 조선소 안을 가리키며 언덕 위에 고정된 카메라 앞에 서서 피폭 체험을 증언할 수밖에 없었다.

앞서 잠시 언급했듯이 미쓰비시중공 히로시마조선소에 징용되었던 조선인과 그 유족들은 일본 정부와 미쓰비시중공에 대하여 보상을 요구하며 나섰다.

히로시마에서 피폭된 후 살아남은 사람들도 전원이 무사히 해방된 조국으로 귀환할 수 있었던 것은 아니다. 그리운 고향을 눈앞에 두고 귀환선의 조난으로 희생된 사람들도 적지 않다. 다수의 사체가 나가사키현 이키(壱岐)에 표착했는데 작년이 되어서야 겨우 그들의 유골이 발굴된 것을 기억하는 사람도 있을 것이다. 그들은 얼마나 원통했을까.

실제로 히로시마뿐만이 아니라, 태풍 철이었던 당시 현해탄이나 각지의 근해에서 조난당한 조선인 숫자는 헤아릴 수 없이 많다. 우리도 조사 과정에서 이오지마(伊王島)나 고야기(香焼, 원래는 섬이었다)에서 조난, 표착, 매장 등에 관한 증언을 몇 번이나 들었다. 더욱이 고야기에는 미쓰비시중공 나가사키조선소가 1973년경 건립한 '한국인 근로봉사대원의 묘'(韓国人勤労奉仕隊員之墓)라는 묘비가 있는데, 이것은 우리 조사에 따르면 마쿠라자키(枕崎)태풍(1945년 9월 17일)으로 조난자의 유해를 인접한 등대 용지 내 수조에서 발견한 미쓰비시가 옛 가와나미(川南)공업 '근로봉사대원'의 유해로 착각해서 이장한 것이 아닌가 생각된다. 미쓰비시에 대한 우리의 문의와 미쓰비시의 냉담한 답변 등 상세한 내용은『원폭과 조선인』제3집(31~43쪽)을 참조하기 바란다. 여기서도 미쓰비시중공의 체질이 여실히 드러난다. 더욱이 홋카이도의 각 탄광에 징용되어 있던 조선인 노동자 3,745명을 태우고 아오모리(青森)현 오미나토(大湊)를 출항한 수송선 우키시마마루(浮島丸)가 마이쓰루(舞鶴)항에서 폭파되어 조선인이 학살당한 가공할 만한 사건도 있었다(박경식,『조선인 강제연행의 기록』,

미래사, 288쪽).

이런 비참한 정황을 배경으로 한국 내에서는 '미쓰비시 징용공 침몰 유족회'나 '미쓰비시 생존자동지회'의 산하단체가 결성되어 한일 양국 정부 및 미쓰비시 중공을 대상으로 한 유골 봉환과 미지불 임금 문제 해결 등의 보상 요구 운동이 10여 년에 걸쳐 끈질기게 전개되어 왔다. 그리고 일본 국내에는 '미쓰비시 중공 한국인 징용공·원폭 피폭자· 침몰 유족을 지원하는 모임'이 결성되어, 이키의 조난자 유골 발굴에 매진함과 동시에 한국의 유가족에 대한 유골 송환과 보상을 요구하며 미쓰비시 측과 교섭을 거듭해왔다. 미쓰비시는 "징용공의 유골이라는 증거가 없다. 정부가 움직이면 미쓰비시도 생각해 보겠다"라며 오히려 계속 뻔뻔한 태도를 취했다. 1981년 국회에도 이것이 국제적인 문제로 서 추궁되고 '지원하는 모임'('한국의 미쓰비시 징용피폭자·유족회·귀국조난자 전후문제대책회'로 개칭)은 일본 정부에 유골 송환을 요구하고 미쓰비시에 대해서는 '강제연행' 기업으로서의 도의적 책임과 미지불 임금의 청산을 요구하는 방향으로 운동이 강화되었다.

설명이 다소 길어졌으나, 침략과 전쟁, 착취와 학대, 학살을 자행한 자들에 대한 너무나 당연한 요구에 대하여 일본 정부는 "한일조약에 의해서 모두 다 해결되었다"는 종전의 상투적인 말로는 빠져나갈 수 없게 되자, "세 개의 성(외무·법무·후생성)이 협력하여 노력하겠다" 고 '약속'했다. 한편 미쓰비시중공은 미지불 임금 명부 등을 히로시마 법무국에 일괄 공탁하고, 외무성에 "미쓰비시로서는 이 문제를 방치할 생각은 없다. 해결을 위한 좋은 방법을 지도해주기 바란다"고 표명했다. 일정한 진전은 있었다고 할 수 있겠다(『원폭과 조선인』 제3집, 146~147쪽).

그러나 위의 경과에서도 확실하듯이 일본 정부이나 기업 미쓰비시도 결코 책임을 자각하고 문제를 해결하는 데 임하지 않았다. 회피할 수 없는 객관적인 증거를 갖다 대니 어쩔 수 없이 대응하는 데 불과하다. 실제로 그 후 구체적인 막판 단계에 접어들어서는, 각 세 개의 성은 모두 성, 청간의 벽을 구실 삼아 관망과 방치의 태도로 나왔다. "정부가 움직이면 생각해 보겠다"던 미쓰비시도 스스로는 적극적으로 움직이지 않겠다는 무책임한 태도의 연합으로 드러났다. 조선인은 좋아서 일본으로 건너온 것이 아니고 강제적으로 연행된 것이며, 그 결과로서 피폭을 당하거나 조난을 당했다. 이 사실을 그들도 모르지 않는다. 오히려 너무나도 충분할 정도로 잘 알고 있기에 일본 정부도 또 정부와 결탁한 미쓰비시도 범죄자의 심리로서 입을 닫고 책임을 회피하고 있는 것이다. 근본적인 반성에서부터 새롭게 출발하려 하지 않고 가해를 다시 거듭하고 있음에 다름없다.

덧붙이자면 재한피폭자의 도일 치료에도 본질적으로는 동일한 문제가 있다. 올해(*1986년)로 기한이 끝남과 동시에 연장 여부가 위태로운데, 그 책임이 도항비 부담을 중단하겠다고 표명한 한국 정부 측에 있는 것처럼 말하는 것은 사리에 어긋난 폭론이다. 내외를 불문하고 원폭피폭자 원호는 전면적으로 '피폭하게 만든 자'가 책임지고 행해야 한다. 피해자가 손해를 배상하는 이치는 없기 때문이다. 또 전후 일관되게 전개되어 온 재일조선인에 대한 차별과 억압도 관민 일체의 이러한 무책임한 기질 속에서 성립하고 있음을 깊게 인식할 필요가 있다.

3) 일본 패전, 조선 해방
– '덕망 높은 사람'이 무라사메마루로 송환시켜주었다

하마구치 ○○(73세) 남자
1912년 10월 3일 생
니시소노기군(西彼杵郡)
증언일 1986년 8월 18일

일본인과 조선인이 싸움을 하면 일본인이 회사에 불려가 야단맞았어요. 그다지 조선인을 어떻게 했다는 기억은 없어요. 김 씨라는 사람이 관리하고 있었는데 몇 명 있었던가, 그런 것은 잘 몰라요.

천인총(千人塚)은요, 다카시마 신사 밑에 옛날에 쵸사이지라는 절이 있는데 거기에 1906년에 다카시마가 폭발 했을 때 죽은 사람들 307명의 묘비를 세운 거에요. 광업소 직원의 묘소는 다른 곳이고. 옛날 묘지에 쭉 돌탑이 서 있었는데 지금은 위쪽으로 석탑을 옮겼지요. 집을 세우느라고요. 천인총에는 그 후에 죽은 사람들은 모시고 있지 않고 그때 사고 때 죽은 사람들만이에요. 그 아래에 유골이 묻혀 있는지 어떤지는 모르겠지만, 묘비만 서 있는 거 아니겠어요? 이미 오래 전부터 수풀만 우거져 있지만요.

하시마는 전부 화장을 했어요, 나카노시마에서. 유골을 다카시마에는 가지고 가지 않아요.

우리 기억으로는 조선인이 여기서……옛날엔 말이죠, 건너편 뭍으로 헤엄쳐 건너간 거죠. 탈출을 해서요. 조수 간만을 잘 생각해서 헤엄치지 않으면 다른 곳으로 흘러가 버리는 거에요. 가까운 곳은 5km 정도 되죠. 다카하마라든가 가야기(蚊燒)라든가 말에요. 옛날 탄광 사람들

말로는 '게쓰와리'라고 해서 건너편 뭍으로 헤엄쳐 건너서, "휴" 하고 잠깐 쉬었다 이번엔 나가사키로 나가는데, 나가사키 쪽에는 벌써 지키고 있으니까요, 들켜버리죠. 밤만 아니고 낮에 헤엄칠 때는 조개잡이 같은 데 쓰는 나무통 뚜껑을 뒤집어쓰고 숨을 쉴 때만 올라와서 건너는 사람도 있었어요. 물에 빠져 죽는 사람이 역시 많았죠. 조선인이 그런 식으로 탈출을 해서 어떻게 됐다는 이야기는 들은 적이 없어요.

옛날 다카시마에 압제 시절에는 개인이 하는 기숙사가 7채인가 8채 정도 있었나? 나야말이예요. 아무리 일해도 감독한테 털리니 견디지를 못하고, 결국은 나중에 회사 직할 기숙사인지 뭔지가 되었지만요. 조선인은 조선인 나야에서 김 씨라는 사람이 관리하고 있었어요.

종전이 되고 조선인이 다카시마에서 돌아갈 때는 광업소에서 역시 신용 좋은 인덕 있는 사람이 데리고 가서 무라사메마루에 태워 전부 조선으로 돌려보냈어요. 덕망 높은 사람이 나서서 그렇게 하지 않으면 맞아죽었을 거예요. 아무나 다 할 수 있는 일이 아니죠. 사람 수는 어느 정도였나, 상당했지요. 무라사메마루 외에는 좀 들은 적이 없어요. 종전 후였으니까 45년 말인가 46년경이지요. 종전 후에 탈출을 했다든가 그런 소리는 듣지 못했어요.

중국인도 있었어요, 사람 수는 모르겠지만요. 너벅선(団平船)에 천막을 씌워서 데리고 왔어요.

대공습이요? 나는 군대에서 1941년에 돌아왔는데 대공습은 1945년 7월 31일과 8월 1일이었죠. 아침부터 B29가 80대 정도 침입했어요. 16, 17명 정도는 죽지 않았나 싶어요. 발전소가 공격당해서 4개월간은 조업이 정지되고 새로운 갱은 이미 폐갱이죠. 갱 바닥에 물이 차서.

하시마의 석탄선인 하쿠주마루(白壽丸)가 어뢰 공격을 받은 것은 그건 1945년 초 무렵이었어요. 하시마와 나카노시마 사이에 미국 잠수함이 부상하고 나서……그건 보고 있었죠. 우리는 마침 감시소에 있었거든요. 그때 유가오마루(夕顔丸)도 당했어요.

다카시마에 고사포가 배치되어 있긴 했어도 때를 맞추지 못했어요. 발전소의 기관총을 가지고 올라갔는데, 나 혼자, 아무래도 동쪽에서 폭음이 들린다고 해도 모두 귀를 기울여서 듣고 있었지만요, 나지 않는다고 하고. 그리고 난다, 나지 않는다 그러는 사이에 아이쿠 벌써 유가오마루가 당해버렸어요. 나카노시마에서 기관총 사격을 했어요. 그 후 이쪽으로 기관총이 향해 버렸어요. 재소자는 없어요. 재소자에 대해선 들은 적이 없어요. 중국인은 포로에요. 지금의 41호 아파트 밑에 숙사가 있었지요. 조선인 나야는 탄광 북쪽, 지금은 벌써 남아있지 않지만.

– 하시마에서는 패전이 되자 조선인을 학대하던 외근계가 하룻밤 사이에 벳푸(別府)에 있는 미쓰비시 기숙사로 도망갔다고 하던데요, 다카시마에서는 어땠나요?

그런 일은 없어요. 들은 적 없어요. 다카시마에서는 그런 일이 없었어요.

– 내가 먼저 가겠다며 귀국을 서두르는 혼란 같은 것은 없었나요?

없었어요. 그런 일은 없었어요. 하시마의 조선인은 어땠는지 모르겠지만, 다카시마의 조선인은 아까도 말했지만, 덕망 높은 사람이 관리해서 조선까지 보냈어요.

─조선인이 하시마에서 가장 가까운 난고시묘(南越名) 부근으로 헤엄쳐 건너려다 표류해서 익사한 것으로 추정되는 사체를 이번에 네 구 발굴했습니다만, 다카시마에서는 어땠나요?

들은 적 없는데요, 조선인이 탈출했다 어쨌다 하는 이야기는. 일본인은 벌써 탈출했지만요. 갱내 노동은 아무래도 12시간 근무 2교대제이고 시간이 긴 셈이죠.

하시마에 대해선 잘 몰라요. 나는 형이 있는데, 전쟁 때부터 계속 하시마로 전근 가서 만나도 그런 이야기는 잘 안 했어요. 역시 근로 관계 일이기 때문에 이야기하지 않죠.

─패전 전에 있었던 일에 대해서는 증언을 해줄 사람이 적어졌습니다. 달리 뭔가 해주실 말씀이라도 있으신가요?

떠도는 소문이라서 잘은 모르지만, 김 씨라는 사람이 조선에 돌아가서 살해되었다나 어쨌다나 하는 이야기도 흘렀죠. 하시마에서 출병해서 조선에 가서 근로 관계 일을 하던 사람이었다고 하는데, 하시마에 있었던 사람이 그 사람을 목격하고는, 당신이네 아니네 하며 싸웠다는 이야기도 들었어요(*일본군에 지원한 일본 거주 조선인이 현역병으로 하시마로 가서 전쟁 협력을 선동하는 순회강연을 하거나, 전역 후 미쓰비시 등 탄광회사에 노무관리자로 고용되어 조선인 징용노동자들을 감시, 감독하는 과정에서 조선인 노동자들을 가혹하게 다루어 해방 후 보복을 당하기도 했다). 이 사람은 다카시마 사람은 아니에요. 하시마 사람이에요. 하시마와 다카시마는 역시 꽤 달라요. 이쪽은 그렇지 않았거든요.

─『미쓰비시광업 백년사』를 똑같이 옮긴 이 회사 소책자에는 사고에 대해서는 전혀 기록하고 있지 않군요. 부끄러운 걸까요? 유가오마루의 진수까지는 기록을 했는데 말이죠.

진짜 보고서라면 사고도 기록을 해야죠. 하지만 대강 들은 이야기가 있어도 광업소에 오래 신세지면요, 사람이라는 것이 역시 말하기 힘든 부분도 있어요. 유가오마루는 다카시마에서 폭동이 났을 때 활약했죠. 폭동이라고 할까, 파업이었죠, 메이지 임금 투쟁 때 군대가 진압을 할 때 유가오마루가 활약했었죠.

– 회사는 화재가 두 번 나 종전 전 중요 서류를 전부 소실했다고 하는데요?

이 밑에 무예 도장이 있고, 그 옆에 붉은 벽돌 건물이 있었는데, 광업소의 오래된 서류는 그 안에 전부 들어가 있었죠. 거기 도장은 다카시마, 하시마, 후타고갱의 본부사무소가 있었던 자리에요.

(*다카시마에) 무연고자 무덤이 있기는 하지만, 그곳에 조선인 유골이 들어가 있는지 어떤지는. 옛날에 다카시마와 후타고는 떨어져있었어요. 그러니까 바닷물을 타고 다카시마로 시체가 흘러들어가는 거예요. 화장해서 유골만 묻는 경우가 있기는 했죠. 이름도 아무것도 없고, 콘크리트로 쌓아서 조금 나와 있을 뿐이지만요. 대숲이 우거져서 지금은 올라가기 힘들지 않을까요? 후타고섬은 1921년에 본섬과 이어지기 전까지는 다리가 놓여 있었는데 떡갈나무 손잡이를 쇠줄로 이어놓았었어요. 동쪽은 엄청나게 깊었던 거예요. 통행금지가 될 때는 동그란게(*부표) 표시가 올라오는데, 다카시마에 요리 집이 있었거든요. 일 때문에 건너갔다가 떠내려가기도 하고, 그런 사람이 꽤 있었어요. 떠내려가 죽어서 시체고 뭐고 아무 것도 못 찾고.

광부를 상대로 하는 유곽은 있었지요. 후타고갱 쪽에서는 해서는 안 된다고 해서 모두 다카시마에 있었어요. 건물은 남아 있어요. 많이 있었죠. 나는 여자를 사러 간 적도 없지만, 몇 집이 있었더라? 여섯,

일곱 채 있었어요. 중국에 있을 때는 ('위안부' 여성 중에는) 일본인보다 조선인이 많았죠. 강제적으로 끌고 와서.

다카시마에 군대는 없었어요. 고사포는 재향 군인이 맡고 있었고, 헌병이 있기는 했지만 많지는 않았어요.

하시마와 다카시마에 마주보는 갱도가 있어서 하시마와 관통시킬 계획이 있었지만, 폭발 때 양쪽 모두 위험해진다고 해서 관뒀죠. 전쟁 전의 이야기에요.

우리 선조는 고토 ○○(後藤 ○○)와 함께 시코쿠(四国, 도사(土佐))에서 다카시마로 왔어요. 글러버 씨 뒤를 이어서 말이에요. 5대째가 됩니다. 나 같은 사람은 폐광이면 폐광, 존속이면 존속 어느 쪽인지 분명하게 해줬으면 좋겠어요. 이건 뭐 이러지도 저러지도 못하게 결말도 짓지 않은 채 질질 끄니, 어차피 폐광되겠죠.

－원자력발전소를 중지하고 석탄을 활용한다면요?

일본에는 폐기물 처리 시설이 없지요. 그런 게 없으니까요, 좀 곤란하지요. 관뒀으면 좋겠어요. 무섭잖아요.

5. 일본의 축소판 하시마

　지도에서 보면 하시마는 콩알만큼 작다. 이런 작은 섬에 전시 중에
는 조선인이 약 500명이나 있었다. 그 숫자는 이웃 섬 다카시마와 비
교하면 칠분의 일에 불과하다. 그러나 하시마에 있었던 조선인의 삶
과 죽음 모두가 우리에게 던지는 질문의 의미는 무거우며 하시마는
일본 전토, 전 영역을 비추는 역사의 거울이라 할 수 있다. 지난시절
일본의 여러 산업, 군사 지점으로 강제동원되어 소모품처럼 쓰고 버
려진 조선인의 피와 눈물로 얼룩진 삶과 죽음은 군함도 혹은 지옥섬
이라는 별칭을 가진 이 하시마에서 그 응축된 모습을 읽어낼 수 있다.
'하시마 자료'는 일본 전역 그리고 모든 전쟁 지역에서 죽어간 통한의
사자들이 한갓 종이 쓰레기가 되어 사라지는 것을 거부하고, 일본의
축소판을 잘 들여다보라고 우리 앞에 살아서 나타난, 그야말로 '살아
있는 자료'라는 생각이 휘몰아치기 때문이다.

　강제연행에 한해 보자면, 일반적으로는 그 숫자가 100만 명을 넘고
그중 사망 또는 행방불명자가 6만 명 쯤 된다고 한다. 하지만 그밖에
도 지금껏 사망자 수조차 알 수 없는 군인, 군속 약 37만 명(현지에서
전범으로 처형된 사람조차 있다!), 또 군대와 생사를 함께 하는 처지에
놓여 있다가 결국에는 어둠에서 어둠으로 묻힌 일본군 '위안부' 20만
명 등 일본의 천황제 파시즘이 초래한 극악무도한 전모는 실로 다 표
현할 수 없는 것이다. 오직 일본인만이 이 사실을 깨닫지 못한 채 전후
상징 천황제라는 무책임의 체제가 버젓이 활개를 치고 있을 뿐이다.
즉 침략, 강제연행, 혹사, 학살의 섬 '하시마'는 천황제 파시즘의 축소
판이라 해도 과언이 아니다.

고의에 의한 망각이 아니라면, 일본 전역에 바둑판 눈금처럼 '하시마'가 있고 '하시마 자료'가 있다. 이런 의미에서 '하시마 자료'는 단순히 녹색 없는 탄광 섬의 고발로 끝나지 않는다. 일례를 들면 마쓰시로(松代, 나가노(長野)현) 지하 대본영 공사에서 기밀 지점(천황의 침실)을 파고난 후에 학살을 당했다는 수백 명에 달하는 조선인 동포의 통한까지도 고발하고 있다고 할 수 있다.

지금 하시마는 격동의 과거가 품고 있던 면모도 사라지고 무인도가 되어 폐허로 변하고 있다. 이는 기만스러운 번영의 말로까지도 상징하고 있는 듯이 보인다. 황혼의 바다에 우두커니 서있는 하시마를 대면할 때면, 지금 갈수록 전쟁 시기에 대한 청산 없는 무책임한 일본 사회, 정치적으로나 사회적으로도 조선인 차별을 반성하며 해소하고자 노력하지 않는 이 일본 사회를 지그시 응시하며 새로운 기만으로 가득 찬 '전후 총결산'에 대하여 무거운 경고를 발신하고 있다는 생각이 새록새록 든다.

끝으로 다시 한 번 서정우 씨의 증언에 귀를 기울여 보자.

"차별에 관해서도 많이 이야기했지만, 이런 것은 모두 일본 정부의 책임이라고 생각합니다. 조선을 식민지로 만들어 우리를 강제연행했습니다. 게다가 원폭까지 맞게 한 과거를 반성하지 않을뿐더러, 그런 사실을 잘 알고 있는 정부가 행정 당국이 왜 선두에 나서서 일본인들을 교육하고 차별을 없애려는 노력을 하지 않습니까? 왜 가까이에 있는 조선인에게 따뜻하게 대하도록 교육하지 않습니까? 아무것도 해주지 않아도 좋습니다. 그저 차별만은 그만두라고 외치고 싶습니다. 관동대지진 때 악질적인 소문을 퍼뜨린 것이나 조선인을 학살한 것만 하여도 얼마나 반성하고 있습니까?"

"일본인 가운데는 이해를 해주는 사람도 있다는 사실도 잘 압니다. 하지만 솔직히 말해서 보통의 일본인은 엄청 나쁩니다. 정말입니다. 나는 항상 말을 되받아쳐주지만, 이런 바보들과 이야기를 해봤자 똑같아질 뿐이라는 생각에 그냥 체념한 적도 있습니다. 혁신당이라고 해서 차별하지 않는 것도 아닙니다. '조선인은 자기 나라로 돌아가 버리면 될 텐데 일본에 있으니 큰 민폐'라고 하는 일본인을 옹호하며 나를 폭력적으로 위압한 혁신 의원조차 있습니다. 쓰디쓴 체험입니다."

"일본은 세계 제2위의 경제력을 가졌다고들 하지만, 전후에는 얼마나 가난했습니까. 그럭저럭 평화로웠기 때문에 번창한 거라고 생각합니다. 전쟁이 나면 일부 사람은 돈을 벌지만, 모두가 끝장입니다. 슈퍼에 가볼까요? 뭐든 다 있지요. 옛날에는 오로지 고구마, 오로지 겨, 밀가루밖에는 없었습니다. 나는 건강을 해치고 있지만, 차별 없는 사회, 평화로운 세상을 위해서 죽을 때까지 운동을 하려고 생각하고 있습니다."
(『원폭과 조선인』 제2집, 76~77쪽).

'하시마 자료'가 우리에게 던지는 질문은 바로 이 증언에 담긴 그대로라고 생각한다.

제3부

· · · · · · ·

미지의 폭로

'하시마 자료(하시마·조선인 노동자들의 사망 실태)'와 분석

原爆과 朝鮮人

1. 들어가며

1974년 4월 20일 동중국해에 뜬 외딴 섬, 일찍이 '지옥 섬'이라 불린 하시마(군함도)는 무인도가 되어 그대로 폐허가 되었다. 노출탄이 발견된 1810년부터 164년 동안 그 긴 시간을 거쳐 근대 일본의 번영을 뒷받침했던 해저 탄광은 이제는 '기념비적 섬'으로 변모해 버렸다. 폐허는 해를 거듭하면서 풍화되고 찾는 이는 나룻배를 타고 찾아드는 낚시꾼뿐이며 섬의 황폐화는 날로 가속화되고 있다.

그때 우리는 '하시마 자료'를 발견했다. 1925년부터 1945년에 걸친 약 20년 동안 이 섬에서 사망한 태아, 영아, 유아에서부터 노인에 이르기까지 모든 일본인과 조선인, 중국인(인원이 많은 순서대로 나열)의 사망진단서, 화장인허증교부신청서(火葬認許証交付申請書)이다. 이 자료를 한 번 보면 누구라도 그 참혹한 죽음을 통해 당시의 비참했던 생활을 상상할 수가 있을 것이다.

그들의 죽음으로부터 40~60년이 경과하고 지금 사람들의 아스라한 기억 속에 그들의 기쁨과 슬픔, 분노와 한탄, 고통, 아픔의 흔적이 먼지처럼 사라져가고 있는 것이다.

그러나 이 방대한 서류(우리는 이것을 '하시마 자료'라고 이름 붙였다)를 면밀히 검토하면, 과거 이 섬에서 살고 일하며 다양한 상황 속에서 죽어간 사람들의, 우리로서는 알 수 없는 '신음 소리'가 들려오는 것이다.

특히 그리운 가족과 떨어져 조선에서 강제연행되어 이곳까지 끌려와 강제노동을 강요당하고 학대와 차별, 압제에 짓눌려 살던 끝에 한을 품고 죽어간 조선인 노동자와 중국인 포로들의 '신음'이 원혼으로 되살아나 돌아오는 것을 뼈저리게 느낀다.

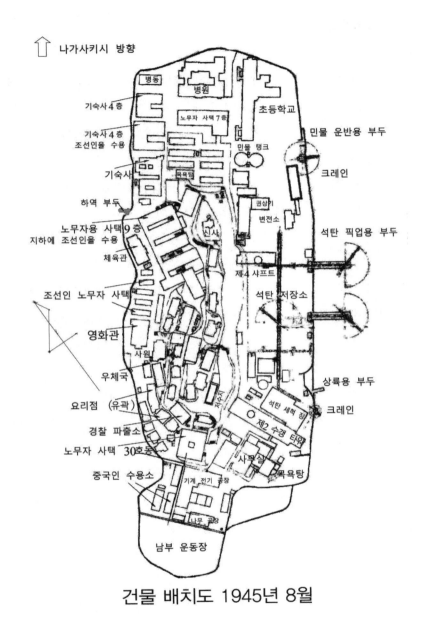

나가사키시 방향

병동
병원
기숙사 4층
노무자 사택 7층
초등학교
기숙사 4층
조선인을 수용
민물 운반용 부두
민물 탱크
기숙사
크레인
목욕탕
하역 부두
권상기
노무자용 사택 9층
지하에 조선인을 수용
변전소
신사
석탄 픽업용 부두
체육관
조선인 노무자 사택
제4 샤프트
석탄 저장소
영화관
사원
우체국
저수지
상륙용 부두
요리점 (유곽)
석탄 세척장
크레인
경찰 파출소
제2 수갱 타엔
노무자 사택 30호동
사무실
중국인 수용소
기계 전기 공장
목욕탕
나무 공장
남부 운동장

건물 배치도 1945년 8월

'하시마 자료'(조선인, 중국인의 '화장'에 관한 서류)

1헥타르당 1,400명이 넘는 초과밀도(긴지름으로 고작해야 480m, 폭 160m 남짓의 좁은 공간)에서 그들이 나야제도(다코베야(タコ部屋) *열악한 노동자 합숙소)를 중심으로 밑바닥 생활을 강요당하고 1943년부터는 하루 15시간 이상의 강제노동에 충분한 식량이나 휴식 시간도 제공받지 못하며 노예와 같은 나날을 보냈으리라는 사실은 쉽게 미루어 짐작할 수 있다.

죽임을 당한 자의 '신음', 그 알려지지 않은 진실에 우리들은 양심의 빛을 비추고 그들이 왜 그곳에서 죽어야만 했는가. 그들을 연행해 학대하고 그들을 죽게 만든 것은 과연 누구인가를 명확히 하는 것이 우리의 책무라고 생각한다. 그것이야말로 죽임을 당한 그들을 위해서도 그리고 무엇보다도 또 우리가 그들을 죽이지 않기 위해서도 반드시 필요한 일이기도 하다.

"왜 조선인 노동자들이 하시마에서 강제노동을 당해야 했는가"

"왜 일본인 노동자에 비해 조선인 노동자, 중국인 포로의 '변사' 비율이 높은 것인가"

우리는 '하시마 자료'를 통해 이러한 근본적인 질문을 던지고 다시 돌아봄으로써 일본 제국주의가 조선인, 중국인에게 어떠한 범죄행위를 저질렀고 왜 그런 짓을 했는지에 관해 통찰할 수 있는 시야를 얻게 되었다.

사망한 조선인(122명(※123명))의 출신지
• 경상남도(76명(※77명))
  통영군 2명, 양산군 7명(※6명), 울산군 1명(※2명), 부산부 2명, 고성군 23명(※24명), 사천군 1명, 김해군 7명, 함안군 2명, 밀양군 3명, 의령

군 1명, 진양군 5명, 함양군 2명, 진주군 17명, 거창군 1명, 산청군 1명, 그 외 1명

- 경상북도(12명)
  경주군 1명, 경산군 1명, 영일군 2명, 달성군 2명, 성주군 1명, 대구부 1명, 청도군 1명, 고령군 2명, 김천군 1명

- 황해도(4명)
  신주군 3명(※신천군 2명, 신주군 1명), 벽성군 1명

- 도 불명(1명)

- 전라남도(11명)
  순천군 1명, 함평군 2명, 목포부 3명, 무안군 2명, 곡성군 1명, 제주도 1명, 그 외 1명

- 전라북도(2명)
  진안군 1명, 김제군 1명

- 충청남도(3명)
  논산군 2명, 서주군 1명

- 충청북도(5명)
  청주군 3명, 충주군 1명, 제천군 1명

- 강원도(5명)
  울진군 2명(※울진(蔚珍)군 3명), 강릉군 1명, 원주군 1명, ●진(●珍)군 1명(※0명)

- 경기도(3명)

  강화군 1명, 부천군 2명

하시마(군함도)에서 사망한 전 조선인·중국인 수 (1925~1945년)

구분 연차	조선인						계	중국인		비고
	남	여	영유아 (5세이하)		사산			남	여	
			남	여	남	여				
1925년	3	0	0	0	0	0	3	0	0	
1926년	5	0	0	0	0	0	5	0	0	
1927년	3	2	0	0	0	0	5	0	0	
1928년	7	1	0	0	0	0	8	0	0	
1929년	3	0	0	0	0	0	3	0	0	
1930년	4	0	0	0	0	0	4	0	0	
1931년	1	0	0	0	0	0	1	0	0	'만주'침략 개시
1932년	1	0	0	0	0	0	1	0	0	
1933년	1	0	1	0	0	0	2	0	0	
1934년	2	0	1	0	1	0	4	0	0	
1935년	4	0	1	2	0	0	7	0	0	
1936년	3	0	1	1	0	0	5	0	0	
1937년	3(※2)	0(※1)	1	1	0	0	5	0	0	중일전쟁 발발
1938년	4	0	0	0	1	0	5	0	0	
1939년	6	0	0	0	0	0	6	0	0	
1940년	7(※6)	0(※1)	0	2	0	0	9	0	0	
1941년	3	0	1	0	0	0	4	0	0	태평양전쟁 개전
1942년	3	0	2	0	0	0	5	0	0	
1943년	9	0	0	0	0	0	9	1	0	
1944년	12	0	2	0	1	0	14(※15)	8	0	
1945년	12	1	1(※2)	2(※1)	1	0	17	6	0	일본 패전
계	96(※94)	4(※6)	11(※12)	8(※7)	3	0	122(※123)	15	0	
소계	122(※123)							15		
합계	137(※138)									

하시마(군함도)에서 사망한 전 일본인 수 (1925~1945년)

연차	남	여	계	사산			합계	비고
				남	여	계		
1925년	33	11	44	0	0	0	44	
1926년	30	14	44	0	0	0	44	
1927년	46	11	57	0	0	0	57	
1928년	29	16	45	4	1	5	50	
1929년	30	24	54	3	0	3	57	
1930년	34	20	54	4	0	4	58	
1931년	33	28	61	1	2	3	64	'만주'침략 개시
1932년	16	28	44	8	3	11	55	
1933년	29	21	50	1	0	1	51	
1934년	25	14	39	1	1	2	41	
1935년	41	20	61	3	2	5	66	
1936년	31	13	44	2	2	4	48	
1937년	20	27	47	2	1	3	50	중일전쟁 발발
1938년	48	42	90	3	2	5	95	
1939년	23	22	45	1	6	7	52	
1940년	41	15	56	1	2	3	59	
1941년	39	17	56	1	3	4	60	태평양전쟁 개전
1942년	33	11	44	3	1	4	48	
1943년	28	11	39	4	1	5	44	
1944년	43	18	61	3	0	3	64	
1945년	42	11	53	2	0	2	55	일본 패전
소계	694	394	1,088	47	27	74	1,162	
합계	1,162							

2. 미지의 폭로

1) '조선인' 부

① 조선인 노동자의 높은 사망률

1925년부터 1945년까지 하시마에서 사망한 모든 사람들의 '화장인 허증하부신청서'는 1,296장이다. 그 내역은 사산아(태아)를 포함해서 일본인 1,162명(남자 741명, 여자 421명), 조선인은(사산아를 포함하여) 122명(※123명 - 남자 110명, 여자 12명(※13명)), 중국인(남자) 15명이다.

하시마의 인구에 관해서는 다음의 자료가 있다.

- 『오사카아사히신문』(1919년 10월 11일 기재)
  '하시마 총인구 3,500명'

- 나가사키현
1935년	4,897명
1955년	4,738명
1965년	3,068명
1974년 1월	2,046명

- 하시마탄갱노동조합 편집·발행, 『군함도-하시마탄갱해산기념사』
  (1974년 1월 1일 발행)

연차	직원	광원	계
1940년		1,622	1,622
1941년	123	1,818	1,941
1942년	126	1,950	2,076
1943년	130	2,122	2,252
1944년	157	2,151	2,308
1945년	163	1,436	1,599
1946년	148	1,717	1,865

─다카시마쵸 자료

　1945년 하시마쵸 인구 4,022명

─1973년 10월 25일자 『아사히신문』 나가사키 판 기재

　1943년 중국인 포로 섬 도착, 약 240명(※중국인을 연행해 온 것은 다음 해 6월이고, 대다수는 농민으로서 총 인원 204명인 것이 판명되었다). 같은 해 조선인 노동자 500명 섬 도착

─1974년 4월 29일자 『나가사키신문』 기재

　1944년 9월 조선인 노동자 섬 도착, 약 100명

─'나가사키 재일조선인의 인권을 지키는 모임' 편저, 『원폭과 조선인』 제2집(70쪽)

　1943년 조선인 노무자 섬 도착, 300명

─같은 책(68쪽)

섬 인구는 메이지 시대에 일찍이 2,700~2,800명에 달했고, 그 후 최 전성기인 1945년에는 5,300명이 되었다(폐광 직전인 1973년 12월에도 인구는 2,200명이나 되었다).

탄갱노무자는 1943년도를 기준으로 하면 일본인 2,252명, 조선인 500명, 중국인 240(※204)명이고 합계 2,992명이다. 이 비율은 일본인 0.75, 조선인 0.16, 중국인 0.09이다.[1]

일본인, 조선인, 중국인의 총사망자 수 및 사망률은 (사산아를 포함 하여) 다음과 같다.

	일본인	조선인	중국인
1925년	44(0.019)	3(0.006)	
1926년	44(0.019)	5(0.01)	
1927년	57(0.026)	5(0.01)	
1928년	50(0.022)	8(0.016)	
1929년	57(0.026)	3(0.006)	
1930년	58(0.026)	4(0.008)	
1931년	64(0.028)	1(0.002)	
1932년	55(0.024)	1(0.002)	
1933년	51(0.022)	2(0.004)	
1934년	41(0.018)	4(0.008)	
1935년	66(0.029)	7(0.014)	
1936년	48(0.021)	5(0.01)	
1937년	50(0.022)	5(0.01)	
1938년	95(0.042)	5(0.01)	
1939년	52(0.023)	6(0.012)	
1940년	59(0.026)	9(0.02)	
1941년	60(0.026)	4(0.008)	
1942년	48(0.021)	5(0.01)	
1943년	44(0.019)	9(0.018)	1(0.004)
1944년	64(0.028)	14(0.028)	8(0.033)
1945년	55(0.024)	17(0.034)	6(0.025)
계	1,156명	122명	15명

※1) 탄갱노무자는 1944년도를 기준으로 하면, 일본인 1,603명, 조선인 500명, 중국인 205명 (화북노공협회 지도 1명을 포함)이 되어, 합계 2,308명. 이 비율은 일본인 0.69, 조선인 0.22, 중국인 0.09가 된다.

1925~1945년 사이의 전 사망자는 일본인 1,156명, 조선인 125명, 중국인 125명인데, 그 각 인수(일본인 2,252명, 조선인 500명, 중국인 240명)에 대한 사망률은 태평양전쟁 개전 다음해인 1942년까지는 일본인 쪽이 높다.[2] 그러나 1943년에는 일본인과 조선인은 동률 0.018%가 되지만, 태평양전쟁이 격렬해지고 석탄증산이라는 지상명령이 강권 발동된 1944년에는 일본인 0.028%에 대하여, 조선인은 0.034%(*원문대로임), 중국인은 0.033%가 되고, 1945년에는 일본인 0.024%에 대하여, 조선인은 0.034%, 중국인은 0.025%가 되어, 모두다 일본인보다 조선인, 중국인의 사망률이 높은 것이 드러났다.[3]

일본인 사망자 수는 다이쇼 시대부터 1945년 패전 때까지 매해 50~60명 전후로 일정하지만, 조선인의 경우는 그때까지 매년 평균 4.8명이었는데, 1944년에는 이전의 2.9(*3.1)배인 14명(*15명), 1945년에는 3.5배인 17명이 사망했고, 중국인은 1943년에는 1명이었는데, 1944년에는 전년의 8배인 8명이 사망하였고, 1945년에는 6배인 6명이 사망하는 높은 사망률을 보이고 있다.

이는 태평양전쟁 중에 탄갱이 일본 제국주의 정부로부터 엄혹한 증산 명령을 받고, 탄광 노동에 익숙하지 않은 조선인 노동자, 중국인 포로를 자재 부족인 현장과 채탄 현장으로 밀어 넣어, 가혹한 증산 태

---

[2] 1925년부터 1945년에 사이에 전 사망자는 일본인 1,162명, 조선인 123명, 중국인 15명인데, 태평양전쟁이 격화되자, 석탄 증산이라는 지상명령이 강하게 발동된 1944년에는 각 인수(일본인 1,603명, 조선인 500명, 중국인 205명)에 대한 사망률은 15세부터 60세까지의 남성으로 상세히 비교하면, 각각 1.9%, 2.4%, 3.9%로, 조선인, 중국인 쪽이 높고, 특히 중국인의 경우는 반년 간 사망률이라는 점에 주목할 필요가 있다.

[3] 태평양전쟁 개전 다음 해인 1942년까지는 일본인 사망률이 조선인보다도 높았다. 1943년에는 일본인 1.14%, 조선인 1.80%로 완전히 역전하는 것이 드러났다. 게다가 1945년에는 일본인 1.81%임에 대하여 조선인은 2.40%, 중국인은 3.05%로 높은데, 더욱이 이때는 조선인도 중국인도 가을까지밖에 섬에 있지 않았던 것이다.

세를 강행했기 때문에 나타난 수치임을 증명한다.

인원 능률 및 출탄양 변천

연도별	후타고갱				하시마광			
	출탄(t)	인원		재적광원1인당 1개월 능률(t)	출탄(t)	인원		재적광원1인당 1개월 능률(t)
		직원	광원			직원	광원	
1940					384,800		1,622	19.77
1941	279,900	223	2,110	11.05	411,100	123	1,818	18.84
1942	297,400	247	2,615	9.48	387,600	126	1,950	16.56
1943	287,100	262	2,695	7.88	357,900	130	2,122	14.06
1944	243,100	285	2,957	6.85	243,000	157	2,151	9.41
1945	95,055	277	2,098	3.78	81,845	163	1,436	4.75
1946	129,400	246	2,340	4.61	80,100	148	1,717	3.89
1947	185,610	246	2,781	5.56	126,070	144	1,928	5.46
1948	225,900	253	2,800	6.72	136,000	139	1,909	5.94
1949	252,500	300	2,838	7.4	143,100	163	1,728	6.9
1950	326,600	334	2,776	9.8	164,000	168	1,643	8.3
1951	373,800	340	2,513	12.4	193,000	170	1,597	10.1
1952	333,800	343	2,531	11.0	199,500	169	1,601	10.4
1953	373,900	336	2,463	12.7	178,800	143	1,531	9.7
1954	422,300	333	2,450	14.4	140,600	140	1,463	8.0
1955	449,400	338	2,359	15.9	143,700	132	1,407	8.5
1956	495,500	341	2,403	17.2	180,300	130	1,427	10.5
1957	536,000	358	2,517	17.7	189,400	127	1,430	11.0
1958	429,500	363	2,616	13.7	213,200	128	1,412	12.6
1959	530,200	389	2,667	16.5	230,000	130	1,388	13.8
1960	730,600	384	2,715	22.4	245,000	126	1,326	15.4
1961	640,100	393	2,707	19.7	233,700	122	1,153	16.9
1962	759,500	379	2,628	24.1	289,900	110	1,094	22.1
1963	1,002,100	373	2,485	33.6	245,200	112	1,038	19.7
1964	1,209,100	377	2,529	39.8	98,200	99	749	(22.4) (10.9)
1965	1,272,400	367	2,573	41.3	176,400	77	600	(47.8) 24.5

1966	1,212,000	355	2,729	37.0	327,500	79	625	43.6
1967	1,210,000	356	2,657	37.9	269,700	85	663	33.7
1968	1,161,000	370	2,618	36.9	319,300	87	646	41.2
1969	1,115,143	347	2,509	37.3	310,495	84	590	43.8
1970	1,044,057	332	2,369	37.7	277,901	78	534	43.4
1971	979,277	320	2,344	35.4	296,517	72	518	47.7
1972	1,008,300	286	1,528	41.8	350,120	64	499	58.5

注 1940년부터 1948년까지는 재적 광원 능률이며, 1949년도 이후는 실동(実動) 광원 능률이다. 하시마광 괄호 안에서 1964년도는 재난 이전이다. 1965년도는 생산 재개 후(하반기) 능률이다(하시마탄갱 노동조합 편집·발행, 『군함도 - 하시마탄갱 해산기념사』, 1974년 1월 발행).

② 조선인의 사망 원인

ㄱ. 병사(58명)[4]

발육불량 3명, 역리 1명, 급성소화불량 5명, 뇌수종 1명, 직장 카타르(장 카타르를 포함) 2명, 뇌일혈 2명, 간경변증 2명, 폐침윤 1명, 기관지 카타르 1명, 기관지 천식 1명, 기관지 폐렴 6명, 선천성 매독 겸 기관지염 1명, 각기 겸 신장염 1명, 장티푸스 유사증 1명, 급성심장마비 5명, 폐결핵 1명, 노쇠 1명, 장티푸스 1명, 농독증 2명, 적리 유사증 1명, 심장성 천식 1명, 담낭염 2명, 백일해 겸 기관지 폐렴 1명, 만성장염 1명, 신장염(급성을 포함) 2명, 만성복막염 겸 신장염 1명, 심장판막증 1명, 무릎관절염 겸 농독증 1명, 파상풍 1명, 신장염 겸 간경변 1명, 폐렴(급성을 포함) 2명, 급성복막염 3명, 위암 1명, 충심성각기 1명.

---

[4] ㄱ. 병사(60명)

발육불량 2명, 역리 1명, 소화불량(급성을 포함) 6명, 뇌수종 1명, 직장 카타르(장 카타르를 포함) 3명, 뇌일혈 2명, 간경변증 1명, 폐침윤 1명, 기관지 카타르 1명, 기관지 천식 1명, 기관지 겸 천식 1명, 기관지폐렴 5명, 선천성 매독 겸 기관지염 1명, 각기 겸 신장염 1명, 장티푸스 유사증 1명, 심장마비(급성을 포함) 2명, 폐결핵 1명, 노쇠 1명, 장티푸스 1명, 농독증 2명, 적리 유사증 1명, 심장성 천식 1명, 담낭염 1명, 백일해 및 기관지 폐렴 1명, 신장염(급성을 포함) 2명, 만성복막염 겸 신장염 1명, 심장변막증 1명, 무릎 관절염 겸 농독증 1명, 파상풍 1명, 폐렴(급성을 포함) 5명, 급성복막염 3명, 위암 1명, 충심성각기 1명, 패혈증 1명, 사산 4명.

ㄴ. 사고사(변사, *62명의 오류)※5)

외상으로 인한 폐 손상 1명, 외상으로 인한 뇌진탕증 7명, 외상으로 인한 복부내장파열 2명, 외상으로 인한 척수 손상과 마비 2명, 외상으로 인한 급성복막염 1명, 외상으로 인한 심장 마비 1명, 외상으로 인한 뇌척수 손상 1명, 미상 1명, 두부 타박증 1명, 자살 1명, 추락으로 인한 뇌진탕증 1명, 전쟁재해로 인한 화상사 1명, 공습에 의한 사망 1명, 변사 1명, 변사(두개저골절)(뇌손상) 3명, 변사(폭상사) 2명, 익사 4명, 압사(매몰에 의한 것을 포함) 9명, 질식(매몰에 의한 것을 포함) 22명.

③ 조선인 사망 원인의 규명

ㄱ. 조선인의 사망 원인을 조사하면, '병사'가 58명(※60명)인데 비해 '사고사'(변사)가 63명(*62명)이어서 뜻밖의 죽음이 더 많은 것을 알 수 있다.

병사자의 병명을 살펴보면, 페니실린과 스토렙토마이신, 그 외 현대 의학으로 보급되어 있는 의약품을 투여하면 치유될 수 있었던 병이 많은 점도 주목할 필요가 있다. 당시 하시마에는 병원과 진찰실도 있고 의사도 배치되어 있었지만, 우수한 의약품과 의료기구도 불충분하고 수술실, 병리 검사실도 정비되어 있지 않았을 것이라고 추측된다.

이들 병명은 일본인의 '화장인허증하부신청서'에서도 많이 확인되며 조선인만이 병에 걸린 것은 아님을 알 수 있지만, 모처럼 진단을

※5) ㄴ. 사고사(변사, 63명)
　　　외상으로 인한 폐 손상 1명, 외상으로 인한 뇌진탕증 7명, 외상으로 인한 복부내장파열 2명, 외상으로 인한 척수 손상·마비 2명, 외상으로 인한 급성복막염 1명, 외상으로 인한 심장 마비 1명, 외상으로 인한 뇌척수 손상 1명, 미상 1명, 두부 타박증 1명, 자살 1명, 추락으로 인한 뇌진탕증 1명, 전쟁재해로 인한 화상사 1명, 공습에 의한 사망 1명, 변사 1명, 변사(두개저골절)(뇌손상) 2명, 변사(폭상사) 2명, 익사 4명, 압사(매몰에 의한 것을 포함) 9명, 질식(매몰에 의한 것을 포함) 24명.

받더라도 조선인의 경우는 충분한 조치를 받지 못하고, '방치와 다름 없는 수준'의 처치만 받은 자도 많았을 것으로 상상할 수 있다. 왜냐 하면 초기 치료로 치유가 가능한 병인 농독증, 파상풍, 급성소화불량, 기관지폐렴, 급성심장마비 등으로 사망한 조선인이 일본인보다 비교 적 높은 것으로 나타나기 때문이다. 의사는 일본인, 조선인 구별 없이 평등하게 치료했다고 해명할지도 모르나, 이들 조선인 사망자의 병명 을 일본인 사망자의 경우와 상세히 비교 검토했을 때, 조선인 노동자 와 그 가족들이 '차별'과 '학대'를 받았다고 추측할 수 있다.

다음으로 '사고사'(변사)한 조선인의 '사망원인'을 검토하면 너무나 도 비참하고 암담한 마음을 금할 수가 없다.

'사고사' 중 가장 많은 것은 '질식'(매몰에 의한 사망 포함) 23명(※24명) 이다. 그 다음으로 '압사'(매몰에 의한 사망 포함) 9명, 그 외(외상으로 인한 사망) 15명, '변사'(두개저골절, 뇌손상) 3명(※2명), '추락으로 인한 것', '두부타박증' 각 1명, '변사' 1명, '변사'(폭상사) 2명. 이것은 모두 '탄 갱사고'(가스 폭발, 발파 사고, 화재, 낙반 등)로 인한 것이 명백하다.

1935년 3월 26, 27일에 일어난 갱내 대폭발로 일본인 '탄갱광부' 10명, '회사원'(기사) 1명, '회사원' 5명이 '변사'(폭상사)라는 병명으로 사망했 는데, 같은 조선인 '탄갱광부' 곽○○ 씨(35세), 김○○ 씨(25세) 이 두 사람도 '변사'(폭상사)로 사망하였다.

덧붙여 말하면 1925~1945년에 발생한 '탄갱 내 사고'(화재, 낙반, 가 스 폭발, 발파 사고, 출수 사고 등)는 다음과 같다.

1925년 2월 25일	붕괴
〃 12월 18일	발파사고
1926년 7월 29일	가스
1927년 5월 24일	가스
1929년 1월 5일	출수
1935년 3월 26일	폭발
1939년 9월 13일	낙반
1940년 10월 8일	가스
1941년 2월 5일	낙반
〃 5월 15일	낙반
1942년 7월 14일	낙반
〃 9월 6일	가스
〃 11월 5일	낙반
1943년 3월 8일	가스
〃 5월 10일	낙반
〃 9월 30일	낙반
1944년 7월 11일	낙반
〃 9월 4일	낙반
〃 11월 5일	낙반
〃 11월 23일	낙반
1945년 4월 4일	낙반

1943년 6월에 '제2수직갱도 로프 절단사고 발생'이라는 하시마(군함도) 연표에도 기재되어 있는 대사고가 발생했는데, 그때 이○○(31세) 씨, 시라카와 ○○(53세) 씨 두 명이 '매몰로 인한 압사'로 사망했다. 하지만 일본인 노동자(갱부들)는 사상자가 한 명도 없었다. 안전 설비가 불충분하고 극히 위험한 장소로, 이 두 사람이 '조선인 노동자'였기 때문에 그런 위험한 곳에서 강제노동을 해야만 했다는 엄연한 사실이 이로써 증명된 것이다.

광산, 탄광에서 재해가 발생한 경우, 상세한 모든 보고서를 관계 관청에 보고하도록 법률로 정해져 있었다. 지쿠호(筑穗) 지방의 어느 광업소의 경우는 다음과 같았다.

광산 재해사고 신고 시의 주의 사항

1. 광종, 광구 번호, 광산명, 광업권자 또는 광업 대리인의 이름
2. 재해의 종류
3. 재해 발생 연월일시
4. 사상자 직명, 이름, 연령 및 부상 정도
   직명은 업무별 및 관계자, 광부별로도 명확히 할 것. 반도인(注 당시 조선인을 이렇게 호칭하였다) 근로보국대일 때는 그 취지를 기입할 것
   부상의 정도는 즉사, 부상 후 사망, 중상 또는 며칠 휴업 예정으로 기입할 것
   사상 또는 중상자와 동시에 부상자도 생긴 경우는 그 부상자에 관해서도 앞의 조항에 따라 기입할 것
5. 재해 장소
   어느 갱내, 어느 내리막길(卸), 어느 곳(井) 또는 어느 채굴현장 혹은 사갱(斜坑), 갱도 등 어떠한 장소인지, 또는 갱외의 어떠한 장소인지를 명기할 것
6. 재해의 원인 및 그 상황
   원인은 명료히 기술해야 하고, 만약 판명되지 않을 때는 그 원인과 추측되는 사실을 기입할 것
   예를 들면, 낙반에 의한 재해사고인 경우는 낙반의 원인, 탄차 탈선의 원인 등을 명료하게 기입할 것
   상황은 재해 발생 당시의 현장 상황 및 이재자의 작업 상황, 재해 경과를 특히 상세히 기입할 것
7. 담당자(擔任係員) 직명 성명

재해 발생 현장의 담당자 및 직속 상관에 관하여 무슨 담당(광업경찰 규칙에 의한 신고 담당명), 무슨 이름으로 기입할 것

8. 담임자의 재해 발생 전 순시 시각 및 그 상황

재해 발생 현장의 담당자 및 직속 상관 별로 재해 발생 전 순시한 시각과 그때의 현장 상황, 이재자의 작업 상황 및 관계자가 어떠한 주의 또는 조치를 취한 것이 있다면 그 내용을 기할 것

9. 담당자의 재해에 대한 대응 조치

재해 발생 현장의 담당자 및 그 직속 상관이 재해 발생을 발견했을 때 행했던 이재자 구출 구조 재해 현장, 조처 등의 응급 조치를 기입할 것

10. 기술 관리자가 재해에 대하여 취한 조치

기술 관리자가 재해 발생을 보고 받았을 때, 그 재해에 대하여 취한 응급조치 및 동일 사고의 재발을 예방하기 위해 취한 뒷수습 조치를 기입할 것

11. 광업권자가 재해에 대하여 취한 조치

광업권자(또는 광업 대리인)가 재해에 대하여 취한 응급조치 및 동일한 재해의 재발을 막기 위해 취한 뒷수습 조치와 시설, 방법을 기입할 것

12. 광업권자가 사상자에 대해 취한 조치

부상자에 대한 요양 조치 또는 시체의 조치에 관하여 기입할 것

13. 재해 상황의 설명도는 재해 현장의 약도를 평면도 및 정면도 또는 측면도로 나타내고 그림 안에 이재자의 위치, 이재 상황 또는 수용 위치를 명시할 것

① 가스 또는 탄진 폭발(연소도 포함한다)의 경우, 폭발 발생 관계 방면 또는 모든 갱의 통기도

② 갱내 화재의 경우

화재 구역 및 화재에 대해 행한 밀폐 장소와 관계있는 방면 또는 모든 갱의 통기도

③ 갱내 수해의 경우

출수 장소와 단층 또는 바다, 강, 연못, 옛날 갱 등과 관련된 것을
나타내는 도면, 방수벽 또는 문을 설치하는 경우에는 그 구조도
및 위치를 나타내는 갱내도

④ 가스 중독 또는 질식인 경우

화재 발생 방면의 국부 통기도

⑤ 운반 장치에서 와이어로프가 절단된 경우

와이어로프가 절단된 장소를 나타내는 도면

⑥ 기계의 제한, 계기 등의 주요 부분 파손인 경우

파손 장소의 약도

실제로 제출된 동 광업소의 '재해산업보고'를 보면, 한 건 마다 철한
자료가 방대한 수량에 달하며 거기에 기술되어 있는 내용도 매우 상
세하다.

이 제출된 보고에 근거해 열리는 '재해심의회의' 보고의 심의 내용
도 매우 상세하며 질의응답도 아주 상세하다.

따라서 하시마 탄갱에서 발생한 '재해사고'에 관해서도 미쓰비시광
업 측에 상세한 '보고서' 등이 제출되어 있을 것이다. 그러나 실제 문
서는 미쓰비시광업이 보존하고 있고 관계자 외에는 비밀로 취급되고
있을 것으로 예상되며 조선인 노동자 재해사고의 경우는 어떻게 보관
되고 있는지 그것을 조사할 방법이 없어 매우 안타깝다. 미쓰비시는
'공표'해야 한다.

그러나 '외상으로 인한 사망' 15명, '두부 타박증' 1명, '추락으로 인
한 사망' 1명, '변사'(두개저골절, 뇌손상 등) 3명(※2명), '변사' 1명, 이들
합계 21명(※20명)은 거의 일본인 노동자나 감독들의 형벌, 린치, 학대,

폭행에 의한 죽음으로 추정할 수도 있다. 그리고 이러한 추정은 거의 틀리지 않았다고 확신한다. 당시 조선인들은 일본인으로부터 '개, 고양이, 돼지, 짱꼴라(중국인), 조센징'이라고 멸시받았고 '인간다운' 대우를 받지 못했기 때문이다.

"그날, 노무계 이데 키요미(井手清美)는 노무대기소(詰所)에 돌아가자 조선인 노동자 이산 흥린(李山興麟)의 작업복을 벗겼다. 이산의 상반신을 발가벗긴 후 가죽 벨트로 마구 때렸다. 거기에 조선인 기숙사 전체의 대장인 사카모토 미쓰오(坂本光男)가 찾아왔다. 이데 키요미는 사카모토 대장에게 보고를 마친 후, 근무가 교대되어 요신(陽信)기숙사를 나와 탄주(炭住 *탄광종업원 주택)로 돌아갔다.

그 후 어떠한 폭행이 노무계에 의해 이루어졌는지 그 자신은 몰랐다. 오후 3시부터 시작되는 근무를 나가서 처음으로 이산 흥린의 죽음을 알았다. '그 정도로 두들겨 패는 일은 늘상 있었기 때문에, 내가 패고 나서 6시간 후에 죽었다는 것을 믿을 수 없었다. 지도원 다카야마(高山)에게 상황을 물으니, 그 다음 당번 패거리가 교대로 손을 봐준듯하다. 너무 격하게 두들겨 패서 실금상태가 되어 똥오줌 범벅이 되었다. 사카모토 대장이 더러우니 목욕탕에 데려가 씻기라고 했다. 지도원 2, 3명이 축 쳐진 이산을 안고 목욕탕에 던져 넣었다. 억지로 집어넣었기 때문에 심장마비를 일으켜 죽어 버렸다. 이제서야 뭐라 변명한들 죽어버렸기 때문에 어쩔 수가 없다.'"

후루카와(古河)병원으로 운반되어 온 이산 흥린의 시체는 아직 따뜻하여 인공호흡을 했으나, 숨이 돌아오지 않았다. 의사는 심장마비로 진단했지만, 사인은 폭행에 의한 것임이 너무도 분명하다(하야시 에다이, 『강제연행, 강제노동−지쿠호 조선인 갱부의 기록』, 도쿠마서점, 236쪽).

지쿠호 탄갱의 다수의 실례를 보면 하시마 탄갱의 죽음 가운데, '외상으로 인한 것'의 대부분은 린치에 의한 것으로 추측할 수가 있다.

지쿠호의 후루카와오미네(古河大峰)탄갱에서는 이 이산의 린치에 의한 사망으로 조선인 광부들이 폭동을 일으켰지만(같은 책, 237~239쪽), 절해의 고도 하시마갱에서는 조선인 광부가 폭동을 일으켰다는 기록은 없다. 그러나 폭동의 기록이 존재하지 않는다고 해서 조선인 광부에 대한 폭행 사건이 전혀 없었다고 설명할 수는 없다.

ㄴ. '익사' 4명이라는 숫자도 비참하다. 지옥의 섬, 하시마에서 밤낮으로 강행되던 석탄 증산의 혹독한 노예적 작업을 참지 못해 바다 속으로 뛰어들어 석탄상자나 사과상자의 나뭇조각을 붙잡고 건너편 노모(野母)반도 다카하마(高浜)촌 부근 해안을 목표로 헤엄치기 시작하였으나, 도중에 기운이 다해 익사한 자, 수색자를 따돌리려 바다 깊숙이 들어갔다가 익사체가 되어 떠오른 자, 원통함을 가슴에 품고 그리운 고향 조선을 떠나 멀리 이국의 바다에서 목숨을 잃은 그들의 비분을 생각해야 할 것이다. 일본인 노동자도 이 지옥 노동을 참지 못하고 섬에서 탈주를 기도하여 바다 한가운데로 뛰어들었지만, 결국 뜻을 이루지 못하고 익사한 숫자는 1925~1945년까지 실로 13명이나 되는 많은 숫자에 달한다(1926년 1명, 1928년 1명, 1938년 2명, 1941년 4명, 1942년 2명, 1943년 2명, 1945년 1명).

ㄷ. '공습에 의한 사망' 1명은 갱부 사카모토 ○○ 씨(29세)로, 1945년 8월 9일 미국 항모의 함재기에 의한 저공 사격으로 사망하였다. '병명 미상'의 이와타니 ○○ 씨(25세)도 같은 날 20시 17분에 사망한 점으로

볼 때, 공습에 의한 사망으로 보아야 할 것이다.

단 같은 날 '공습에 의한 사망'(폭사)인 일본인은 F 남(12세)뿐인 점으로 보아서 같은 날 옥외 작업에는 조선인 노무자만을 종사시키고 일본인 노무자는 대피시키고 있었던 것으로 생각하는 것이 타당할 것이다. 여기에도 조선인 멸시와 혹사, 학대의 흉터 자국이 남아 있다.

납득할 수 없는 것은 '전재로 인한 화상사' 1명이다. 갱부 서○○ 씨(33세)는 일본 패전 후 9일 뒤인 1945년 8월 24일 20시 05분에 사망했다.

패전 후의 혼란기라고는 하여도 '전재로 인한 화상사'라는 것은 8월 15일 이전의 '미국 공군의 공습 등에 의해서 피폭되었지만', 치료나 처치가 충분히 이루어지지 못한 탓에 상처가 화농으로 인한 부패가 발생하여, 패전 후 10일이 경과한 시점에 사망한 것으로 짐작된다. 이역시 비참한 죽음이다.

ㄹ. 여성 남○○ 씨(1911년 9월 27일생, 본적 강원도 울진군(*현재 경상북도에 속함))는 1934년 10월 26일 09시 00분, 임신 10개월에 남아를 분만했지만 사산했고, 그 이듬해 1935년 3월 27일 09시 20분에는 남편 곽○○ 씨(1899년 4월 12일 생, 탄갱 광부)를 '변사'(폭상사)로 잃는다. 2년 연속으로 '화장인허증하부신청'을 하는 비극을 겪은 것이다. 그녀의 비통한 심정을 생각하면 암울한 심정을 금할 길 없다.

같은 해 3월 26일, 27일에는 탄갱 내에서 대폭발이 있어 곽○○씨 외에 김○○ 씨(1909년 6월 16일 생, 본적 경상남도 고성군, 탄갱 광부)도 같은 날 '변사'(폭상사)했다(전술).

ㅁ. 여성 노○○ 씨(1919년 1월 1일 생, 본적 황해도 신천군)는 호주

노○○ 씨의 3녀로 술집 작부로 일하다 1937년 6월 27일 01시 00분경 '크레졸(*소독제) 음독'으로 이 날 03시 20분에 사망했다. 18세의 젊은 나이였다. 동거인이던 혼다 ○○ 씨(1883년 9월 17일 생)가 같은 날 '화장인허증하부신청서'를 제출했다.

18살 어린 조선인 작부의 자살. 여기에서 숨겨진 비극을 보는 듯하다. 매춘을 강요당했거나 강간을 당했을 수도 있으리라. 혹은 망향의 슬픔을 견디지 못한 염세적 자살인지도 모른다. 한 장의 '화장인허증하부신청서'는 아무런 진실도 말해주지 않지만, 이국땅인 동중국해에 떠있는 외딴 섬, 하시마에서 자신의 목숨을 끊을 수밖에 없었던 그녀의 원통함을 생각하면, 누구라도 연민의 눈물을 흘리지 않을 수 없을 것이다. 그녀의 죽음에서도 조국의 땅과 산업 등 그 모든 것들을 약탈해간 일본 제국주의에 대한 한을 느낄 수 있다.

2) '중국인' 부

① 중국인의 사망 원인
ㄱ. 병사(10명)

신장염 겸 간경변 1명, 담낭염 1명, 말라리아 기관지염 1명, 패혈증 1명, 급성폐렴 2명, 만성장염 1명, 심장마비 1명, 급성심장마비 1명.

ㄴ. 사고사(변사, 5명)

두개골 복잡골절 1명, 열사병으로 인한 심장마비 2명, 압사 1명, 매몰로 인한 질식 1명.

② 중국인 사망 원인의 규명

중국인 포로의 죽음 또한 비참하다.

'두개골 복잡골절'로 1945년 2월 2일에 사망한 왕○○ 씨(26세)는 맹렬한 힘이 가해져 머리에 타박상을 입었는데 폭행에 의한 것인지 높은 곳에서 완전히 거꾸로 떨어진 것인지 쉽게 짐작하기는 어렵지만 참혹한 죽음이다. 죽은 자의 비분과 통한을 생각하면, 누구나 실로 암담한 심정에 빠질 것이다.

'열사병으로 인한 심장마비' 2명은 1944년 8월 17일 03시 30분에 사망한 갱부 양○○ 씨(40세)와 같은 날, 같은 시각에 사망한 갱부 형○○ 씨(21세)인데, 8월의 폭염 속에서 충분한 휴식도 취하지 못한 채 강제노동에 종사당하다 결국 죽음에 이른 것으로 충분히 추측된다. 악마 같은 일본인 감독에게 혹사당했을 그들의 비참한 모습이 떠오르는 듯하다.

'압사' 1명은 갱원 염○○ 씨(28세)인데 1944년 10월 29일 23시 20분에 사망했다. 그 역시 탄갱 내 심야 노동에 혹사당하던 중 낙반 또는 붕괴 사고를 만나 압사한 것으로 추측된다.

또 '매몰로 인한 질식' 1명은 이○○ 씨(21세)이고 1943년 7월 13일 20시 00분에 사망했는데 탄갱 안에서 심야 노동을 하던 중에 낙반이나 붕괴사고를 만나 매몰되어 사망한 것으로 보인다.

모두 탄갱 내에서도 위험하고 혹독한 야간 노동에 혹사당하다 사고를 만나도 구조해주는 사람 없이 충분한 처치도 받지 못한 채 헤아릴 수 없는 원통함 속에 죽어갔을 것이다.

더욱이 '심장마비' 1명, '급성심장마비' 2명도 평소부터 심장 질환을 가진 허약한 몸으로 심한 노동에 시달리다가 결국 어처구니없이 급사를 당한 것으로 추측되는데, 가혹한 노예 노동이 그들을 죽음으로 내몬 것이 확실하다.

③ 포로 학대

1929년 7월 27일, 제1차 세계대전 후 10년이 지나 '전지 군대의 부상자 및 병자의 상태 개선에 관한 제네바 조약'이 성립되어 일본 정부는 이에 조인, 비준하였다. 그러나 그와 동시에 정해진 제3 제네바 조약 '포로 대우에 관한 조약'은 조인은 하였지만, 이것에 비준하지는 않았다.

제1차 세계대전에서는 포로가 많았으며 게다가 그 관리는 각국 정부 각자의 권한하에 있는 것은 당연하였다. 하지만 국제 협력을 통해 개선해야 할 많은 요인을 가지고 있었기 때문에 '육전', '해전'에 이어 널리 포로 분야까지 조약이 만들어지게 된 것이다.

즉 이 '포로 대우에 관한 조약'은 원래 1907년 헤이그 제4조약에 관한 부속서 '육전의 법규, 관례' 안에 있는 '포로에 관한 17개조'에서 나온 것이다. 이는 적군을 포로로 잡았을 경우, 국가가 져야 할 의무와 포로의 권리를 규정한 것인데, 일본이 이 조약을 비준하지 않은 이유는 '포로라는 것에 대한 군부의 강한 편견'으로 포로 조약의 필요성을 인정하지 않았기 때문이다.

(그 후 제2차 세계대전이 격화되면서 비로소 포로에 대한 대우가 인도적인 문제로 각국 간에 다뤄질 수 있도록 되어, 적십자국제위원회도 이 조약의 보급과 철저함을 도모할 필요성이 있다고 절감하고, 아직 비준되지 않은 11개국에 대해서도 주의를 촉구하게 되었다. 그래서 일본에 대해서는 1940년 8월 6일 외무대신 앞으로 또 8월 21일은 일본 적십자사 본사 사장 앞으로 '포로 조약의 비준'을 권고하였다. 하

지만 일본 정부는 결국 "포로 조약의 취지는 잘 알겠지만, 일본은 다른 나라와 상황이 다르기 때문에, 포로 조약에 참여할 필요가 없다"고 회답하고 끝내 비준은 행하지 않았다.)

따라서 '포로 대우에 관한 조약'(1929년 7월 27일)에 명기되어 있는 다음 조항은 하시마에서 강제노동당한 약 240명(*204명)의 중국인 포로에게는 전혀 적용되지 않아 비인도적인 처우—폭력과 강박으로 노동을 강요하고 열악한 주거 상태, 비위생적 환경, 불충분한 식량과 의류, 초과 노동 시간과 무휴식, 질병(罹病) 시의 방치 등—를 행사하고 있던 것으로 생각된다. 이것은 명백히 국제법에 위반되는 것이며 일본 정부와 미쓰비시광업의 책임은 철저히 추궁되어야 할 것이다.

제2조 (전략) 포로는 항상 박애의 마음을 가지고 대우해야 할 것이다. 폭행, 모욕 및 공중의 호기심으로부터 특히 보호받아야 한다.

제3조 포로는 그 인격 및 명예를 존중받아야 할 권리를 가지고 있으며, (중략) 포로는 그 사권의 완전한 향유능력을 가진다.

제4조 포로 포획국은 포로에게 급양할 의무를 진다. (후략)

제8조 (전략) 모든 포로는 가능한 신속히 제36조 및 이하에 규정하는 조건하에 스스로 가족과 통신할 수 있어야 한다. (후략)

제10조 포로는 위생 및 보건에 관하여 가능한의 보장된 건물 또는 가건물 내에 숙박시켜야 하고 해당 숙박소는 완전히 습기를 피하고 필요한 만큼의 보온 및 조명이 있어야 하고, 화염의 위기에 모든 예방법이 강구되어야 한다. 침실에 관해서는 포획국의 보충 부대에 대한 것과 동일한 조건이어야 한다.

제11조 포로의 식량은 그것의 양 및 질에 있어서 보충 부대와 동일해야 한다. (후략)

제12조 피복, 속옷 및 신발은 보호국에 의해 포로에게 지급되어야 하며

이들 용품의 교환 및 수리는 규칙적으로 이루어져야 하고, 상기 외 노동자는 노동의 성질상 필요한 경우는 어디에서나 노동복을 지급받아야 한다.

제13조 교전자는 수용소 청결 및 위생을 확보하는 한편, 전염병을 예방하기 위해 필요한 모든 위생적 조치를 취할 의무가 있다.
포로는 생리적 법칙에 맞으며 또 항상 유지되어야 할 설비를 밤낮으로 제공받아야 한다. (후략)

제14조 각 수용소는 의무실을 비치해 포로가 그것을 필요로 할 때 있어야 할 성질의 처치를 받을 수 있어야 한다. (후략)

제20조 모든 규칙, 명령, 통고 및 공고는 포로가 이해할 수 있는 국어로 통지해야 한다. (후략)

제28조 포획국은 개인을 위해 일하는 포로의 급양, 도시락, 봉급 및 노동 은행의 지불에 관하여 모든 책임을 지어야 한다.

제29조 포로는 어떤 사람, 누구라도 육체적으로 부적당한 노동에 사역시켜서는 안된다.

제30조 포로의 1회 노동 시간은 과도해서는 안 되며 어떠한 경우와 누구라도 해당 지역에서 동일 노동에 종사하는 민간 노동자에게 인정된 노동 시간을 초과해서는 안 된다.
각 포로에 대하여 매주 연속 24시간, 가능한 일요일에 쉬게 하여야 한다.

제32조 포로를 건강하지 못하거나 또는 위험한 노동에 사역시켜서는 안 된다.
징벌의 수단으로서 노동 조건의 모든 가중은 금지한다.

따라서 실제로 하시마에서 사망한(살해된) 중국인 노동자의 사망 원인을 검토해보면, 이○○ 씨(1943년 2월 3일, 위암으로 사망), 장○○ 씨(1944년 7월 1일, 신장염 겸 간경화증으로 사망), 장○○ 씨(동년

7월 3일, 담낭염으로 사망), 조○○ 씨(동년 7월 2일, 말라리아 겸 기관지 폐렴으로 사망), 신○○ 씨(동년 7월 23일, 급성심장마비로 사망), 진○○ 씨(동년 10월 21일, 패혈증으로 사망), 장○○ 씨(1945년 3월 2일, 급성폐렴으로 사망), 오○○ 씨(동년 4월 12일, 만성장염으로 사망), 정○○ 씨(동년 6월 4일, 급성폐렴으로 사망), 노○○ 씨(동년 8월 28일, 심장마비로 사망), 왕○○ 씨(동년 10월 6일, 급성심장마비로 사망). 이들을 사망으로 몰아넣은 것은 앞에서 서술한 '포로 대우에 관한 조약' 제10조, 제11조, 제13조, 특히 제14조를 엄격하게 준수하지 않았기 때문임은 확실하다.

또 '심장마비'도 지병으로서의 심장병 환자이기보다는 지쿠호 지방에서도 볼 수 있듯이 육체에 가한 격심한 학대, 린치로 인한 쇼크사에 기인하는 것으로 추측된다. 제14조에는 "포로가 그것을 필요로 할 때 있어야 할 성질의 처치를 받을 수 있어야 한다"고 규정되어, "포로로 중병을 앓는 자와 그 병상이 중대한 외과 수술을 필요로 하는 자는 나라의 비용으로 이들 포로를 치료할 수 있는 모든 군용 또는 민간 병원에 수용해야 한다"라고 되어 있어도 이것들을 전혀 지키지 않았다고 단정할 수 있다.

동 조약 제4조의 규정은 포로에게 급양할 의무를 지며, 제27조는 포로에게 노동을 시킬 수 있게 되어 있다. 하지만 이를 위해서는 제28조, 제29조, 제30조, 제32조에 의해 가혹한 강제노동은 금지되어 있다. 그럼에도 하시마 탄갱에서는 지병이 있는 포로에 대해서도 강제노동을 강요한 것을 쉽게 추측할 수 있다. 이○○ 씨(1943년 7월 13일, 매몰로 인한 질식으로 사망), 염○○ 씨(1944년 10월 29일, 압사로 사망)도 자재 부족으로 안전시설도 없는 위험한 작업 현장에 보내져 가혹한 강제노역에 종사당하였음을 증명한다.

또한 양○○ 씨와 형(邢)○○ 씨는 1944년 8월 17일, 열사병으로 인한 심장마비로 같은 시각 사망한 것은 염천 하에서 가혹한 강제노동을 종사당하게 된 점을 명확하게 나타내고 있는 것으로 생각된다.

제3 제네바조약 '포로 대우에 관한 조약'을 비준하지 않은 당시 일본 정부로서는 태연히 중국인 포로를 학대, 사망시켰음을 하시마 '자료'는 명백히 말해주고 있다. 이것은 인도적으로 절대로 허용되어서는 안 된다. 부끄러운 일본 제국주의의 소행이다.

3) '일본인' 부

① 일본인의 사망 원인 가운데 주목되는 것은 '자살'이다. 1927년 목매어 죽은 1명, 1928년 목매어 죽은 1명, 1930년 입수 자살 1명, 1935년 목매어 죽은 1명, 1937년 염화 제2수은(昇汞) 음독 1명, 1939년 목매어 죽은 1명, 1940년 목매어 죽은 2명, 1945년 목매어 죽은 1명, 합계 9명. 인구 밀도가 높은 절해의 고도에서 가혹한 전시 중의 생활이 그들로 하여금 더 이상 살아갈 힘을 잃게 만든 것일까, 모두 청년, 장년인 점이 가슴 아프다.

다음으로 주의를 끄는 것은 좁은 섬 안에서 일어난 전염병의 유행과 그로 인한 사망이다.

1929년	장티푸스	3명
1930년	〃	1명
1931년	파라티푸스	1명
1933년	장티푸스 유사증	1명
1936년	〃	1명
1937년	〃	2명
〃	장티푸스	2명
1938년	장티푸스 유사증	24명
〃	장티푸스	17명
1939년	장티푸스	3명
〃	장티푸스 유사증	2명
1940년	장티푸스 유사증	1명
1941년	장티푸스	1명
1942년	장티푸스 유사증	1명
1944년	장티푸스 유사증	2명
〃	적리(赤痢) 유사증	1명
1925년	폐결핵	6명
1926년	〃	5명
1927년	〃	6명
1928년	〃	1명
1929년	〃	4명
1930년	〃	3명
1931년	〃	2명
1933년	〃	3명
1934년	〃	4명
1935년	〃	1명
1936년	〃	3명
1937년	〃	2명
1938년	〃	4명
1939년	〃	4명
1940년	〃	3명
1941년	〃	3명
1942년	〃	5명
1943년	〃	4명
1944년	〃	4명

1945년	"	6명
1925년	뇌막염	1명
1926년	"	1명
1929년	"	1명
1931년	"	3명
1932년	"	3명
1933년	"	4명
1936년	"	1명
1937년	"	1명
1938년	"	2명
1939년	"	3명
1940년	"	1명
1945년	"	1명

② 하시마에서 '원자폭탄으로 인한 재해사'(8월 9일)는 Y 남(8세), Y 여(28세), Y 남(14세) 3명뿐이지만, 모두 사망연월일은 9월 4일로 되어 있다(*Y 남(14세)의 사망연월일은 9월 5일로 되어 있다). 아마도 나가사키시까지 외출했다가 피폭된 후 섬으로 돌아와서 사망했거나 혹은 나가사키시의 잿더미 속에서 가족 중 누군가가 사체를 발견해 섬으로 가지고 돌아와 사망진단서를 쓴 날짜가 8월 9일(*9월 4일의 오류)일 것이다.

③ 일본인 여성 E 씨(1913년 8월 20일 생, 간호사)는 1937년 4월 28일 14시 15분, 23세의 젊은 나이에 '염화 제2수은 음독'으로 자살하였다.

④ 일본인 소녀 F 씨(당시 11세)는 1933년 9월 7일 16시 30분, '변사'(두 개저골절)로 사망. 친오빠 F 씨가 '화장인허증하부신청'을 제출하였다. 그렇지만 이 F 씨는 당시 갱부들로부터 두려움을 사고 있던 '노동자(갱부들)의 노무 담당자'이었던 것을 생각하면, 그 여동생의 사인에 관하여 여러 가지 억측이 생기는 것은 당연하지 않은가 하는 의견도 있다.

■ 조선인 및 중국인 사망자 명부

(* 사망자 총 연번을 표시하였다. 또 국적별 연번으로 조선인은 아라비아숫자, 중국인은 한자로 표기하였다)

이하, 사망인의 주소는 나가사키현 니시소노기군 다카하마무라 난고시묘 1409번지이며, 화장장은 니시소노기군 다카하마무라 난고시묘1415번지 나카노시마이다.

총 연번	국적별 연번	연도	호	이름	나이	본적	호주 및 관계	직업	병명	발병일	사망일
1	1	1925	제6호	徐○龍	21세	경남 진주	○明의 6남	갱부	신장염	1925.2.6	동년.12.11 오후 8시
2	2		제29호	金○壽	46세	경북 청도		탄갱가	외상으로 인한 뇌진탕증	1925.6.21	동년.6.21 오후 11시
3	3		제36호	申○●[1)]	31세	충남 ●●[2)]		탄갱가	심장판막증	1924.11.25	1925.09.28 오후 0시 30분
4	4	1926	제12호	申○玉	31세	경남 함양	○石의 3남	갱부	폐렴	1926.2.16	동년.12.28 오전 5시 30분
5	5		제19호	黃○佑	33세	경남 통영	○沙의 장남	탄갱가	외상으로 인한 복부내장파열	1926.6.27	동년.6.28 오후 3시
6	6		제20호	張○守	26세	강원 울진	○用의 남동생	갱부	만성복막염 겸 신장염	미상	1926.7.3 오후 5시 30분
7	7		제36호	吳○洋	39세	강원 강릉		탄갱가	외상으로 인한 뇌진탕, 변사 (탄갱 내에서)		1926.10.27 오전 1시 40분(추정)
8	8		제40호	金○完	24세	경남 진주	○俊의 장남	갱부	질식	1922.1.1	1926.11.13 오전 3시 40분(추정)
9	9	1927	제5호	申○順	41세	경남 진주	○世의 여동생	무직	급성복막염	1927.1.28	동년.2.4 오후 11시 40분
10	10		제27호	金○權	40세	경북 성주		탄갱가	급성폐렴	1927.8.25	동년.8.29 오전 4시
11	11		제43호	金○賢	41세	경남 진주	○榮의 남동생	탄갱가	제7경추 및 제1흉추 탈구로 인한 척수 손상	1927.9.21	동년.10.6 오후 8시
12	12		제54호	金○伊	2세	경남 진주	○鐘의 2녀	무직	장카타르	1927.11.9	동년.11.13 오후 8시
13	13		제62호	李○萬	22세	경남 고성		탄갱부	압사(탄갱 내에서 변사)		1927.12.26 오후 7시 10분(추정)
14	14	1928	제19호	李○奎	74세	경북 경산		무직	기관지염 겸 천식	미상	1928.5.11 오후 4시 20분

1) 다음의 자료에서 ●은 植으로 명기하였다. 윤지현(2012) '사망 기록을 통해 본 하시마탄광 강제동원 조선인 사망자 피해실태 기초조사' 대일항쟁기강제동원피해조사및국외강제동원희생자등지원위원회(이하, 윤지현(2012)으로 표현)
2) 윤지현(2012)에서 ●●은 서천(舒川)으로 명기하였다.

총 연번	국적별 연번	연도	호	이름	나이	본적	호주 및 관계	직업	병명	발병일	사망일
15	15		제23호	李○道	31세	경남 양산	○沢의 4남	탄갱가	질식(갱내에서 변사)		1928.6.23 오전 0시 30분(추정)
16	16		제28호	張○龍	35세	경남 진주		탄갱가	외상으로 인한 급성복막염	1928.8.12	동년.8.12 오후 3시 30분
17	17		제31호	朴○喜	29세	전남 곡성		탄갱가	외상으로 인한 뇌진탕증	1928.8.30	동년.8.30 오전 10시 50분
18	18		제32호	河○先	22세	전북 진안	○泰의 장남	탄갱가	충심성각기 (衝心性脚気)	1928.8.15	동년.8.30 오후 11시
19	19		제43호	張○●[3]	42세	경남 고성		탄갱가	질식(탄갱 내에 서 변사)		1928.10.24 오후 11시(추정)
20	20		제48호	金○好	4세	경남 김해	○宝의 5녀	무직	급성폐렴	1928.11.11	동년.11.22 오전 4시 20분
21	21		제55호	金○沢	54세	경남 진주		탄갱가	급성신장염	1928.12.8	동년.12.27 오후 5시 30분
22	22	1929	제6호	李○水	36세	경남 진주	○羽의 장남	탄갱가	익사(갱내변사)		1929.1.5 오전 5시 30분(추정)
23	23		제25호	朴○伊	35세	경남 울산	○福의 남동생	탄갱가	질식(갱내에서 변사)		1929.6.28 오전 11시(추정)
24	24		제52호	朴○世	42세	경남 고성		갱부	질식(탄갱 내에 서 변사)		1929.11.30 오전 1시
25	25	1930	제3호	河○道	23세	경남 진주	○●의 장남	갱부	변사, 외상으로 인한 심장마비	1930.1.21	동년.1.22 오전 9시 40분
26	26		제8호	李○甲	43세	경북 경주	○申의 남동생	탄갱부	압사, 탄갱 내 에서 변사		1930.2.21 오전 9시(추정)
27	27		제36호	金○進	36세	경남 고성		탄갱부	질식(탄갱 내에 서 변사)		1930.9.15 오후 0시 30분
28	28		제53호	曹○○吾	31세	경남 진주	○星의 2남	탄갱부	변사, 복부좌상 및 이에 동반한 복강내장 손상		1930.11.22 오전 6시 20분(추정)
29	29	1931	제60호	朴○介	42세	경남 김해		탄갱부	변사, 질식 (탄 갱 내에서)		1931.9.16 오후 3시(추정)
30	30	1932	제42호	金○晠[4]	35세	경남 진주		탄갱부	변사, 두개골 골 절		1932.11.10 오전 5시 30분(추정)
31	31	1933	제34호	徐(이름 없음)	1세	경남 양산	徐○駟의 손자	무직	변사		1933.7.20경(추정)
32	32		제38호	朴○真	25세	경남 진주	○賢의 남동생	탄갱부	변사(질식) 갱내		1933.9.6 오후 6시(추정)
33	33	1934	제4호	金○祚	41세	경남 고성	○沢의 장남	갱부	변사(질식)		1934.1.25 오후 5시(추정)

3) 윤지현(2012)에서 ●은 植으로 명기하였다.
4) 윤지현(2012)은 俊으로 명기하였다.

총 연번	국적별 연번	연도	호	이름	나이	본적	호주 및 관계	직업	병명	발병일	사망일
34	34		제23호	崔○德	1세	경기 부천	○洪의 손자	무직	발육불량		1934.6.9 오후 9시 35분
35	35		제29호	千○植	28세	경북 영일	○根의 2남	갱부	변사(질식)		1934.7.19 오전 9시 40분(추정)
36	36		제17호	임산부 南○阿 (*아들 사산)	*0세	강원 울진	郭○出 의 처	무직	임신 10개월 (남)분만(사산)		1934.10.26 오후 9시
37	37	1935	제2호	金○曆	1917.8.15 생 (*17세)	충남 논산	金○先의 2남	탄갱가	변사(압사)		1935.1.8 오전 6시 30분(추정) (金○玉, 1916.8.25생 (*17세), 호적 등본에 의해 가명임이 발견 됨, 1월 25일, 정정하 여 현적으로 보냄)
38	38		제7호	諸○順	1935.1.25 생, 0세	경남 고성	諸○鳳의 장녀		소화불량	1935.2.25	1935.2.27 오전 10시 15분
39	39		제10호	權○善	1907.1.16 생 (*28세)	경북 영일	○龍의 장남	탄갱 광부	변사(압사)		1935.3.16 오전 6시 30분(추정)
40	40		제21호	郭○出	1899.4.12 생 (*35세)	강원 울진		탄갱 광부	변사(폭상사)		1935.3.27 오후 9시 20분
41	41		제30호	金○斗	1909.6.16 생 (*25세)	경남 고성	○斗의 종제 (從弟)	탄갱 광부	변사(폭상사)		1935.3.27 오후 11시(추정)
42	42		제52호	李○蓮	1934.10.25 생 10개월	경남 양산	李○澤의 손자	무직	기관지카타르	1935.8.18	동년.8.29 오전 11시 10분
43	43		제70호	金○連	1934.12.12 생 11개월	경남 진주	金○榮의 2녀	무직	기관지성폐렴	1935.11.2	동년.11.4 오후 3시
44	44	1936	제2호	崔○勳	1935.11.14 생 2개월	경기 부천	崔○洪의 손자	무직	선천성매독 겸 기관지폐렴	1935.12.19	1936.1.4 오후 8시 10분
45	45		제21호	金○賢	1913.10.17 생 (*22세)	경남 고성	○祚의 종제		외상으로 인한 진탕증	1936.4.21	동년.4.22 오후 5시 40분
46	46		제26호	白○順	12세	경남 고성	○道의 손자	무직	각기 겸 신장염	1936.6.16	동년.7.19 오후 6시 30분
47	47		제 호	嚴○姬	1935.1.25 생, 1세	경남 밀양	嚴○得의 2녀	무직	질식		1936.2.8 오전 4시(추정)
48	48		제 호	愼○奎	1903.2.5 생 (*33세)	경남 거창	○容의 2남		질식		1936.2.14 오후 11시(추정)
49	49	1937	제8호	文○美	1937.2.1 생, 0세	경남 함안	○龍의 손자		발육불량		1937.2.3 오전 11시
50	50		제18호	崔○子	1937.3.5 생, 0세	전남 목포	○德의 서자, 여		급성소화불량	1937.4.19	동년.4.22 오전 1시

총 연번	국적별 연번	연도	호	이름	나이	본적	호주 및 관계	직업	병명	발병일	사망일
51	51		제32호	盧○善	1919.1.1 생 (*18세)	황해도 신천	○俊의 3녀	작부	리졸(*소독제) 복용	1937.6.27 오전 1시경	동년.6.27 오전 3시 20분
52	52		제38호	金○佑	1910.3.15 생 (*27세)	강원 원주			외상으로 인한 척수마비	1936.12.5	1937.8.16 오후 8시 10분
53	53		제45호	黃○水	1915.12.10 생 (*21세)	경남 부산	미상		익사		1937.11.3 오후 3시 30분
54	54	1938	제6호	金○秀	1885.9.24 생 (*52세)	경남 고성			압사		1938.2.2 오후 1시
55	55		제29호	崔○出	28세	경남 고성	○出의 남동생	갱부	장티푸스 유사증	1938.6.28	1938.7.24 오후 0시 30분
56	56		제77호	崔○南	20세	경남 고성	○烈의 5남	갱부	급성심장마비	미상	1938.9.20 오전 3시 30분
57	57		제83호	諸○烈	7세	경남 고성	諸○鳳의 장남		추락으로 인한 뇌진탕증	1938.10.19	동년.10.19 오전 8시 45분
58	58		제 호	임산부 金○○工 (*아들 사산)	1908.11.28 생 (*0세)	경남 남해	○旲의 며느리 (婦)	무직	사산아, 남, 1태(胎), 임신 10개월, 적출자	분만 1938.11.28	1938.11.28 오전 3시 20분
59	59	1939	제11호	金○壽	24세	경남 진주		석탄갱부	장티푸스	1939.3.4	동년 3.28 오전 10시 50분
60	60		제13호	金○起	1919.6.25 생 (*19세)	경남 고성	○浩의 장남	갱부	(변사)압사		1939.4.13 오후 11시(추정)
61	61		제21호	鄭○道	28세	경남 진주	鄭○煥의 손자	석탄광업 갱부	급성복막염	1939.7.16	동년.7.17 오후 4시 50분
62	62		제28호	崔○烈	27세	경남 고성	崔○一의 남동생		변사, 익사		1939.8.24 오후 5시 30분
63	63		제45호	金○龍	32세	경남 고성	○浩의 2남	석탄갱부	두부 타박증	1939.12.1	동년.12.4 오후 11시 30분
64	64		제 호	朴○相	32세	경남 산청	○和의 2남	갱부	흉부타박상으 로 인한 진탕증		1939.11.14 오후 6시 45분
65	65	1940	제2호	都○龍	2세	경북 고령	○浩의 손자	무직	급성폐렴	1939.12.29	1940.1.1 오후 1시 15분
66	66		제10호	崔○虎	3세	전남 목포	崔○德의 2남		기관지폐렴	1940.1.20	동년.1.29 오전 7시 30분
67	67		제15호	李○述[5]	36세	경남 함안			외상으로 인한 우측 폐 손상	1940.3.4. 오전 10시 30분경	동년.7.4 오후 2시 5분
68	68		제16호	李○出	31세	경북 고령	郭○吉의 처		뇌일혈	1940.3.6	동년.3.7 오전 6시 30분
69	69		제22호	崔○龍	43세	경남 진주	崔[6]○太 의 2남		부상으로 인한 뇌척수 손상		1940.5.1 오후 4시 30분(추정)

5) 윤지현(2012)은 逑로 명기하였다.
6) 윤지현(2012)은 崔로 명기하였다.

총 연번	국적별 연번	연도	호	이름	나이	본적	호주 및 관계	직업	병명	발병일	사망일
70	70		제25호	郭○伊	45세	경북 달성	○石의 남동생		급성복막염	1940.6.23	동년.6.24 오전 8시 30분
71	71		제67호	金○大	23세	경남 고성	○泰의 장남		파상풍	1940.12.19	동년.12.27 오전 6시 40분
72	72		제 호	嚴○子	1세	경남 밀양	○仁의 장녀		소화불량증		1940.2.27 오전 6시
73	73		제 호	張○子	2세	경북 김천	張○錫의 손자		역리(疫痢)		1940.8.10 오후 9시 50분
74	74	1941	제75호	金○伊	2세	경남 사천	○鎬의 손자		질식사		1941.1.20 오후 10시(추정)
75	75		제17호	李○讚	52세	부산			알콜중독 간경 변증	1941.6.24	동년.7.6 오전 11시
76	76		제22호	卜○○壽	36세	경남 김해	○春의 장남	갱부	관절외상으로 인한 진탕증	1941.8.22	동년.8.25 오전 3시 25분
77	77		제47호	陳○名	31세	경남 김해			매몰로 인한 질식사		1941.11.8 오전 11시 50분
78	78	1942	제3호	李○雄	2세	경남 양산	○澤의 손자		뇌수종	1941.12.30	1942.1.24 오전 10시
79	79		제43호	巴○○太	2세	경남 고성	○吉의 손자		소화불량증	1942.7.12	동년.7.16 오후 0시 30분
80	80		제60호	武○○甲	46세	경남 김해			뇌일혈	1942.12.5	동년.12.6 오전 6시 25분
81	81		제 호	表○萬	미상[7]	경남 고성	○道의 장남		매몰로 인한 질식사		1942.2.18 오후 10시 20분
82	82		제 호	裵○○道	23세	경남 고성	○俊의 3남		두개골 골절로 인한 뇌손상		1942.3.1
83	一	1943	제69호	李○寬	47세	미상			위암		1943.2.3 오전 2시 40분
84	83		제18호	高○○澤	26세	전남 제주	○澤의 남동생		매몰로 인한 질식사		1943.5.10 오후 1시
85	84		제25호	李○福	31세	경남 고성	○相의 2남		매몰로 인한 압사		1943.6.24 오전 9시(추정)
86	85		제26호	白○○基	53세	경남 고성		갱부	매몰로 인한 압사		1943.6.24 오전 9시(추정)
87	86		제27호	高○○成	26세	충북 청주	○俊의 장남	갱부	매몰로 인한 질식		1943.7.7 오전 9시(추정)
88	二		제30호	李○五	21세	미상 (중국?)			매몰로 인한 질식		1943.7.1 오전 8시(추정)
89	87		제32호	弓○○煥	23세	충북 충주	○錫의 장남		기관지폐렴	1943.7.5	동년.7.24 오후 11시

7) 윤지현(2012)은 31세로 명기하였다.

총 연번	국적별 연번	연도	호	이름	나이	본적	호주 및 관계	직업	병명	발병일	사망일
90	88		제49호	陳○俊	54세	경남 통영			기관지천식	1943.12.2	동년.12.19 오전 8시 30분
91	89		제50호	崔○○相	24세	경남 진양	○守의 남동생	갱부	매몰로 인한 질식사		1943.12.28 오전 3시 30분
92	90		제 호	国○○哲	33세	경기 강화	○園의 조카		급성폐렴		1943.5.18 오전 10시 30분
93	91	1944	제1호	李○成	26세	충북 제천	○千의 2남		매몰로 인한 압사		1944.1.15 오전 3시 40분
94	92		제2호	呉○○萬	44세	황해도 벽성		갱부	매몰로 인한 질식		1944.1.15 오전 3시 40분
95	92		제4호	金○○吉	미상[8]	전남 함평	○味의 남동생	갱부	직장카타르	1943.12.5	1944.1.24 오후 7시 10분
96	94		제7호	高○○元	28세	황해도 신주		갱원	외상으로 인한 뇌진탕증	1944.3.5	동년.3.5 오후 0시 50분
97	95		제22호	岡○○運	3세	경남 고성	○金의 조카		급성장카타르 (추정)	1944.4.15 (추정)	동년.4.18 오전 7시 10분 (추정)
98	96		제 호	태아 남	(*0세)	경남 양산	○澤의 손자		사산		1944.5.8 오전 6시 35분
99	97		제36호	李○玉	22세	전북 김제	○浩의 2남	갱부	익사		1944.6.6 오후 8시(추정)
100	98		제37호	竹○○二	2세	전남 목포	○德의 3남		백일해 겸 기관지폐렴	1944.5.9	동년.6.10 오전 11시
101	三		제44호	張○壽	미상, 28세	미상 (중국?)		갱부	신장염 겸 간경화증		1944.7.1 오전 5시 30분
102	四		제45호	張○禎	49세	미상 (중국?)		갱부	담낭염	1944.6.27	동년.7.3 오후 3시 30분
103	五		제46호	趙○成	41세	미상 (중국?)		갱부	말라리아 겸 기관지염	1944.6.20	동년.7.7 오전 0시 30분
104	六		제53호	新○崖	25세	미상 (중국?)		갱부	급성심장마비	1944.7.23	동년.7.23 오전 3시 30분(추정)
105	99		제 호	平○○哲	37세	전남 함평	○炳의 숙부	갱부	심장성천식	1944.7.20	동년.8.4 오후 4시 30분
106	100		제 호	岩○○石	27세	경북 달성	○不의 장남		매몰로 인한 질식		1944.8.10 오후 2시(추정)
107	七		제59호	揚○民	40세	미상 (중국?)		갱부	열사병으로 인 한 심장마비		1944.8.17 오후 3시 30분(추정)
108	八		제59호	邢○崑	21세	미상 (중국?)		갱부	열사병으로 인 한 심장마비		1944.8.17 오후 3시 30분(추정)
109	101		제66호	金○○栄	38세	경남 김해	○守의 남동생	갱부	매몰로 인한 질식		1944.9.4 오후 7시 50분(추정)

8) 윤지현(2012)은 36세로 명기하였다.

총 연번	국적별 연번	연도	호	이름	나이	본적	호주 및 관계	직업	병명	발병일	사망일
110	九		제69호	陳○鄉	45세	미상 (중국?)			패혈증	1944.10.18	동년.10.21 오전 7시 15분
111	十		제70호	閻○財	28세	미상 (중국?)		갱원	압사		1944.10.29 오후 11시 20분(추정)
112	102		제 호	德○○一	46세	전남 무안	○有의 장남	갱부	매몰로 인한 질식		1944.11.5 오후 9시 10분(추정)
113	103		제74호	山○○禧	미상	황해도 신천	○甫의 장남	갱부	적리(赤痢) 유사증	1944.11.2	동년.11.20 오전 1시 30분
114	104		제76호	大○○基	24세	경남 김해	○根의 3남	갱부	기관지폐렴	1944.10.31	동년.11.22 오전 5시 30분
115	105		제80호	鄭○根	31세	경남 진양	○伊의 남동생	갱부	우측 무릎 관절 염 겸 농독증	1944.10.28	동년.12.3 오전 3시 30분
116	106	1945	제1호	白○○松	1세	경남 의령	○基의 손자		소모증 겸 기관지폐렴	1944.12.3	1945.1.1 오전 8시 10분
117	107		제 호	谷○○伕	21세	경남 진양	○鴻의 손자	갱부	폐결핵		1945.1.1 오전 8시 30분
118	十一		제 호	王○蘭	26세	미상 (중국?)			두개골복잡 골절		1945.2.24 오후 7시 5분
119	108		제37호	鄭○子	1945.2.11 생, (*0세)	경남 함양	○水의 질손 (姪孫)	무직	급성소화불량 증 중독증	1945.4.18	동년.4.21 오전 8시 30분(추정)
120	109		제38호	金○○鎬	1925.12.5 생 (*19세)	전남 광산		갱부	폐침윤	1945.3.23	동년.4.24 오전 9시 5분
121	110		제 호	廣○○須	2세	경남 고성	○奎의 손자		소화불량성자 가중독증		1945.2.1 오전 4시 30분
122	十二		제 호	張○桂	25세	미상 (중국?)		탄갱부	급성폐렴	1945.3.24	동년.3.30 오전 11시 30분
123	111		제 호	林○鳳	1918.1.17 생 (*27세)	충북 청주	○西의 양자	탄갱부	매몰로 인한 질식		1945.4.12 오전 11시 50분
124	十三		제32호	吳○堂	36세	미상 (중국?)		탄갱부	만성장염		1945.4.12 오후 2시 50분
125	112		제42호	태아(남)		경남 진주	○洙의 남동생		사산		1945.5.27 오전 0시 10분
126	十四		제43호	鄭○雲	20세	미상 (중국?)		탄갱부	급성폐렴	1945.6.4	동년.6.10 오전 0시 30분
127	113		제 호	永○○福	1906.12.16 생 (*38세)	충남 논산		갱부	담낭염	1945.6.21	동년.6.30 오전 0시 15분
128	114		제47호	玉○○雄	1913.3.15 생 (*32세)	전남 순천	○廣의 남동생	갱부	매몰로 인한 질식		1945.7.15 오전 1시 25분
129	115		제 호	坂○○日	1915.12.28 생 (*29세)	경남 진양	○卜의 남동생	갱부	공습으로 인한 사망		1945.8.9

9) 윤지현(2012)은 順으로 명기하였다.

총연번	국적별 연번	연도	호	이름	나이	본적	호주 및 관계	직업	병명	발병일	사망일
130	116		제51호	岩○○龍	1919.4.8 생 (*26세)	경남 밀양	○用의 남동생	막일꾼	미상	1945.8.9	동년.8.11 오후 8시 17분
131	117		제 호	長○○周	1922.1.19 생 (*23세)	대구	○漾의 2남	도급업	패혈증	1945.8.13	동년.8.17 오전 11시 50분
132	118		제55호	徐○得	1911.3.14 생 (*34세)	경남 진양		갱부	전재(戰災)로 인한 화상사	미상	1945.8.24 오후 8시 5분
133	十五		제 호	路○恒	24세	미상 (중국?)		갱부	심장마비	1945.8.28	동년.8.28 오후 7시 45분
134	119		제 호	岩○○烈	1901.9.5 생 (*44세)	경남 양산	○澤의 5남		심장마비	1945.9	동년.9.10 오후 3시 10분
135	十六		제71호	王○起	31세	미상 (중국?)			급성심장마비	1945.10.6	동년.10.6 오후 5시
136	120		제75호	金○○植	1922.9.18 생 (*23세)	전남 무안	○玉의 2남		농독증	1945.7.21	동년.10.16 오전 6시
137	121		제77호	宮○○應	30세	충북 청주	○秀의 3남		농독증	1945.8.1	동년.11.4 오전 6시 40분
138	122		제 호	岩○○梁	1862.8.16 생 (*83세)	경남 양산	圭澤의 처		노쇠		1945.12.1.

■ 일본인 사망자 명부

연도	이름	성별	나이	직업	사인	사망일시
1925	O	남	5세		디프테리아 겸 폐렴	1월2일 14시40분
	H	남	11세		폐렴	1월2일 21시30분
	K	남	39세		폐결핵	1월4일 12시20분
	Y	남	31세	탄광가	외상으로 인한 뇌진탕	1월11일 12시30분
	M	남	7세		이성뇌막염	1월12일 16시30분
	O	여	70세		신장염	1월24일 15시30분
	N	여	15세		폐결핵	2월1일 16시00분
	T	여	16세		폐결핵	2월7일 10시25분
	Y	남	6세		급성폐렴	2월16일 17시00분
	S	남	39세		다발성근염 겸 신장염	2월17일 18시00분
	H	남	31세	탄광가	질식(갱내에서 붕괴로 석탄 안에 매몰된 변사)	2월25일 15시40분
	N	남	35세		폐렴	3월7일 13시00분
	O	여	2세		선천성매독	3월22일 11시00분
	H	여	2세		영양부족 겸 기관지염	3월25일 05시00분
	I	남	26세		폐결핵	4월5일 02시00분
	M	남	52세		폐출혈	4월7일 01시00분
	Y	남	78세		뇌출혈	4월16일 00시20분
	T	여	72세		노쇠	4월18일 18시00분
	M	남	57세		폐결핵	4월25일 07시40분
	S	여	2세		소화불량증	4월25일 11시00분
	N	남	52세	탄광가	뇌출혈	5월1일 08시20분
	Y	남	2세		폐렴	5월2일 09시00분
	O	남	48세	탄광가	폐렴	5월3일 01시00분
	H	남	4세		뇌막염	6월4일 18시00분
	I	남	36세	탄광가	척추염	6월13일 07시40분
	T	남	37세	탄광가	질식(탄광 내 변사)	6월13일 19시00분
	Y	남	27세	탄광가	외상에 촉발된 패혈증	6월22일 00시30분
	M	남	2세		변사(외상에 의한 뇌진탕)	7월29일 11시45분
	T	여	1세		기관지염	8월3일 11시50분
	M	남	5세		만성장카타르	8월19일 10시50분

연도	이름	성별	나이	직업	사인	사망일시
	O	남	29세	탄광가	상해로 인한 대혈관 손상으로 대실혈에 의한 심장마비(변사)	
	M	남	2세		카타르성폐렴	9월25일 08시00분
	Y	여	21세		폐결핵	9월26일 13시40분
	K	남	32세			
	H	남	22세			
	S	남	46세			
	N	남	24세			
	K	여	1세			
	O	남	28세			
	F	여	37세			
	M	남	20세	탄광가	급성폐렴	12월6일 20시10분
	S	남	1세		위장카타르	12월7일 21시00분
	O	남	40세		신장암	12월14일 10시00분
	O	남	29세	탄갱인부	발파로 인한 두 개 및 흉부 손상(갱내 변사)	12월18일 13시00분
1926	O	남	2세	무직	선천성매독	1월5일 02시30분
	O	남	49세		뇌매독	1월13일 07시10분
	N	남	2세		폐렴	1월15일 18시40분
	M	여	13세		만성복막염	1월26일 09시30분
	M	여	2세		폐렴	1월26일 18시20분
	H	남	49세		뇌진탕증	2월2일 01시30분
	K	여	1세		폐렴	2월8일 13시00분
	K	남	67세		위암	2월17일 22시00분
	K	남	2세		모세기관지염 겸 영양불량	2월22일 04시00분
	H	남	6세		카타르성폐렴	2월23일 18시30분
	F	남	47세	탄갱인부	폐결핵	2월24일 16시30분
	K	남	4세		카타르성폐렴	3월1일 22시20분
	S	여	24세		기관지천식 및 신장염	3월20일 04시30분
	M	남	25세	탄갱인부	익사	3월18일 13시00분
	K	여	70세		심장변막증	5월7일 22시00분
	K	남	21세		폐결핵	6월8일 16시00분
	S	여	2세		신장염병	6월28일 23시00분

연도	이름	성별	나이	직업	사인	사망일시
	M	여	16세	무직	폐렴	7월15일 13시20분
	H	남	31세	탄갱인부	뇌막염	7월18일 10시00분
	T	남	52세	탄갱고	위암	7월22일 19시00분
	M	남	38세	탄갱가	질식(갱내변사)	7월29일 04시00분
	Y	남	26세	탄갱가	질식(갱내변사)	7월29일 04시00분
	M	여	50세	무직	폐결핵	8월5일 15시00분
	Y	남	40세	탄갱고	만성복막염 겸 신장염	8월7일 21시30분
	F	남	22세	무직	만성복막염	8월25일 06시30분
	I	여	85세	무직	신장염	9월7일 01시10분
	W	남	3세	무직	장카타르 겸 폐렴	9월6일 20시00분
	T	남	27세	탄갱가	각기 겸 장카타르	9월10일 00시40분
	D	여	36세	무직	자궁암	9월24일 05시00분
	Y	남	35세	탄갱가	급성장카타르	9월27일 20시20분
	K	여	1세	무직	영양소모증	10월1일 18시30분
	M	남	64세	무직	천식	10월23일 04시10분
	N	남	50세	탄갱가	외상에 병발한 뇌일혈(변사)(추정)	10월30일 01시00분
	M	남	1세		급성폐렴	11월1일 07시40분
	K	남	1세		기관지염	11월8일 03시20분
	K	남	26세	탄갱인부	급성폐렴	11월20일 07시00분
	M	남	27세	탄갱가	외상으로 인한 흉추 및 요추 탈구(갱내부상)	11월22일 16시00분
	K	남	1세		질식, 변사(추정)	11월30일 01시00분
	N	남	20세	탄갱인부	급성장카타르	12월4일 05시00분
	M	남	19세	탄갱고	폐결핵	12월13일 17시30분
	S	여	42세	탄갱인부	다발관절염 겸 폐렴	12월18일 11시00분
	S	여	6세		폐결핵	12월18일 17시20분
	T	여	1세		영양불량	12월19일 13시00분
	H	남	27세	탄갱가	두개저골절(변사)	12월27일 18시00분
1927	Y	남	3세		인두 및 식도 화상	1월16일 20시00분
	K	남	42세	마부	심장판막병 겸 신장염	1월19일 11시50분
	Y	남	82세	무직	노쇠	1월23일 불상
	K	남	1세		선천성매독	1월31일 16시00분
	O	남	2세		폐렴	2월13일 00시40분

연도	이름	성별	나이	직업	사인	사망일시
	K	여	23세	무직	인두 겸 폐결핵	3월29일 08시30분
	M	남	2세		급성카타르성장염	4월14일 05시10분
	O	남	45세	목수직	급성장카타르	4월16일 04시40분
	T	남	63세	선원	심장판막증	4월22일 00시30분
	K	여	1세		영양불량	4월26일 06시30분
	Y	남	3세		디프테리아	4월29일 05시30분
	K	남	32세	마부	척수탈구로 인한 진개증(振蓋症)(변사)	5월2일 불상
	T	남	30세	탄갱가	질식(갱내변사)	5월24일 09시00분
	O	남	38세	탄갱가	질식(갱내변사)	5월24일 09시00분
	S	남	1세		영양불량	6월1일 19시00분
	M	남	29세	탄갱가	질식	7월5일 01시30분
	K	남	20세	탄갱마부	급성복막염	7월9일 19시00분
	W	여	30세	무직	급성폐렴	7월28일 05시00분
	Y	남	22세	탄갱인부	폐 및 장결핵	7월30일 09시30분
	W	남	5세	무직	급성복막염	7월30일 18시30분
	H	남	47세	탄갱가	뇌출혈	7월31일 17시00분
	M	남	77세	무직	척수로	8월2일 11시40분
	O	남	36세	탄갱인부	두부 강타로 인한 뇌진탕(변사)	8월9일 04시30분
	Y	남	64세	무직	만성장카타르	8월13일 11시00분
	I	여	66세		심장판막증	8월31일 21시00분
	N	여	74세		척수로	9월3일 01시00분
	K	남	46세		충심성각기	9월4일 21시50분
	K	여	35세		폐결핵	9월5일 11시00분
	S	남	66세	무직	간장농흔	9월6일 11시00분
	T	남	22세	무직	폐결핵	9월8일 05시40분
	N	여	1세		장카타르	9월16일 09시20분
	K	남	33세	우편국장	폐결핵	9월11일 08시45분
	I	남	39세	탄갱인부	폐 및 인후결핵	9월12일 03시00분
	I	여	1세		장카타르	9월14일 07시00분
	N	남	44세	탄갱가	화농성조막염 겸 급성폐렴	9월15일 05시00분
	K	여	47세		신장염 겸 요독증	9월16일 11시00분

연도	이름	성별	나이	직업	사인	사망일시
	I	여	41세		산욕열 겸 급성장카타르	9월30일 19시00분
	S	남	67세		폐결핵	10월3일 01시00분
	N	남	22세	탄갱가	질식	10월11일 19시00분
	O	남	2세		장카타르	10월2일 09시35분
	U	남	26세	마부	충심성각기	10월17일 07시20분
	H	남	36세	회사원	폐결핵	10월22일 11시00분
	K	남	25세	탄갱가	질식(갱내변사)	10월21일 11시00분
	M	남	69세	무직	신장염	10월25일 04시00분
	M	남	25세	탄갱부	폐렴 겸 각기	10월25일 01시00분
	A	여	13세		승모변협착 겸 부전폐쇄	10월29일 01시30분
	T	남	1세		발육불량	11월2일 09시00분
	T	남	2세		기관지카타르 겸 소화불량	11월8일 21시20분
	U	남	39세	회사원	질식(갱내변사)	11월12일 14시00분
	T	남	39세	탄갱가	복막염	11월18일 07시30분
	K	남	1세		소화불량	11월22일 07시30분
	N	남	52세		액(縊)사(자택에서 자살)	11월25일 14시00분
	S	남	23세	탄갱마부	신장염	11월30일 22시00분
	N	남	43세	탄갱가	폐렴	12월8일 12시00분
	I	남	60세		만성신장염	12월16일 08시30분
	H	남	40세	탄갱부	압사(갱내변사)	12월26일 19시10분
	G	남	53세	회사원	협심증	12월27일 14시30분
1928	Y	여	6세		화상으로 인한 심장마비(변사)	1월1일 15시00분
	O	남	35세	탄갱가	농흉 겸 폐농양	1월18일 21시30분
	D	남	76세		기관지염	2월4일 16시30분
	K	남	2세		선천성매독	2월18일 11시00분
	S	남	1세		선천성매독	2월23일 15시30분
	S	남	50세	탄갱고	카타르성폐렴	3월3일 12시30분
	T	여	35세		심장변막증	3월12일 18시50분
	I	여	81세		신장염	3월16일 17시20분
	S	여	40세		급성폐렴	3월19일 12시35분
	F	남	27세	탄갱고	좌액(腋)골 골절, 탈구로 인한 심장마비(변사)	3월20일 12시20분

연도	이름	성별	나이	직업	사인	사망일시
	K	남	38세	탄갱고	뇌출혈	3월30일 23시00분
	D	남	3세		폐렴	4월6일 14시00분
	K	남	22세	탄갱고	외상으로 인한 급성탈막염	4월7일 09시05분
	K	여	64세		폐패성기관지염	4월19일 22시40분
	K	남	46세	탄갱고	척수막염	4월26일 20시00분
	F	남	21세	탄갱고	위막성(僞膜性) 후두염성폐렴	5월8일 09시10분
	F	남	28세	탄갱고	패혈증	5월16일 20시20분
	N	여	13세		결핵성고관절염	5월31일 21시10분
	Y	남	41세	탄갱가	외상으로 인한 진탕증	6월14일 06시50분
	S	남	3세		결핵성뇌막염	6월28일 15시00분
	O	여	17세		익사(변사)	추정 6월25일 06시00분
	O	남	47세	탄갱가	액사	추정 7월27일 02시00분
	H	남	9세		외상으로 인한 뇌진탕증	7월30일 00시35분
	N	여	4세		장카타르	8월28일 11시00분
	N	남	1세		결핵성뇌막염	8월28일 13시00분
	K	남	2세		장카타르	9월1일 13시30분
	Y	여	2세		카타르성폐렴 겸 장카타르	9월4일 19시40분
	Y	여	3세		급성장카타르	9월8일 10시00분
	N	남	32세	탄갱가	신장염	9월9일 21시30분
	M	남	62세		척수로	9월10일 18시25분
	K	남	44세	탄갱가	다발성근염	9월16일 03시50분
	M	여	58세		폐결핵	9월22일 14시30분
	Y	여	26세		장카타르 겸 산욕열	9월23일 16시0분
·	T	남	46세	탄갱인부	두개정부 복잡골절 (변사)	추정 9월29일 14시20분
	M	남	21세	탄갱인부	신장염	10월14일 01시00분
	F	남	53세	탄갱고	위 및 간장암	10월25일 09시30분
	T	여	3세		급성장카타르	11월3일 17시20분
	K	남	45세	탄갱가	요독증	111(*11)월3일 22시00분

연도	이름	성별	나이	직업	사인	사망일시
	A	여	64세		뇌출혈	11월11일 09시00분
	A	여	3세		카타르성폐렴	12월6일 22시00분
	I	남	5세		간장염 겸 기관지염	12월9일 05시00분
	T	남	82세		뇌출혈	12월16일 18시30분
	M	여	1세		장카타르	12월16일 20시00분
	Y	남	6세		폐렴	12월17일 18시15분
	F	남	1세		장염 겸 영양불량	12월26일 19시00분
1929	U	여	2세		영양불량	1월1일 10시15분
	H	남	37세	인부	익사(갱내변사)	추정 1월5일 05시30분
	O	남	41세		익사(갱내변사)	추정 1월5일 05시30분
	K	여	4세		뇌막염	1월20일 02시30분
	S	남	36세	탄갱가	익사(갱내변사)	추정 1월5일 05시30분
	H	남	1세		발육불량	2월4일 13시00분
	M	여	60세		심장변막증	2월6일 04시00분
	S	남	42세	탄갱가	급성위막성 후두염성폐렴	2월9일 16시00분
	O	남	19세	탄갱고	익사(갱내변사)	추정 1월5일 05시30분
	T	남	50세	탄갱고	익사(갱내변사)	추정 1월5일 05시30분
	T	여	2세		기관지염 겸 위장카타르	2월22일 17시00분
	N	남	1세		급성카타르성폐렴	3월3일 16시00분
	U	남	1세		폐렴	3월13일 18시30분
	F	남	32세	인부	익사(갱내변사)	1월5일 05시30분
	K	남	40세	회사원	급성카타르성폐렴	4월5일 04시20분
	S	남	84세	무직	장카타르	4월13일 17시35분
	H	남	40세	탄갱인부	심장성각기	4월20일 14시00분
	M	여	2세		신장염	5월29일 17시35분
	S	남	29세	탄갱가	객혈성늑막염 겸 복막염	6월2일 04시00분
	S	남	51세	탄갱가	급성카타르성폐렴	6월14일 17시50분
	A	남	42세	회사원	외상출혈로 인한 심장마비	6월17일 17시55분
	M	여	2세		카타르성폐렴	6월28일 11시30분
	A	남	24세	탄갱가	질식(탄갱 내에서 변사)	6월28일 11시30분
	I	남	1세		소화불량	7월2일 15시15분

연도	이름	성별	나이	직업	사인	사망일시
	K	여	21세		폐결핵	7월4일 22시10분
	M	남	2세		장카타르	7월5일 04시00분
	N	여	1세		카타르성폐렴	7월6일 00시45분
	I	남	2세		영양불량	7월9일 06시00분
	A	여	3세		장카타르	8월7일 22시50분
	Y	여	2세		급성카타르성폐렴	8월26일 03시40분
	K	남	1세		소화불량	9월4일 08시40분
	O	남	26세	탄갱부	장티푸스	9월11일 06시50분
	O	남	21세	탄갱부	장티푸스	9월19일 09시25분
	K	여	41세		장티푸스	9월23일 09시00분
	D	여	38세		자궁암	9월25일 05시00분
	I	남	1세		발육불량	9월29일 15시30분
	S	남	33세	탄갱가	심장변막증	9월29일 22시05분
	M	여	2세		소화불량	10월4일 04시00분
	Y	여	1세		소화불량	10월6일 05시20분
	K	여	1세		유전매독	10월9일 03시30분
	S	여	2세		장카타르 겸 기관지염	10월9일 08시00분
	O	남	50세	탄갱고	맹장염	10월11일 16시15분
	T	여	3세		급성카타르성폐렴	10월19일 04시00분
	I	여	19세		폐결핵	10월20일 15시00분
	T	여	22세		폐결핵	10월23일 23시40분
	K	여	19세		신장염	10월26일 09시10분
	K	여	47세		각기	10월29일 23시00분
	T	남	25세		신장염	11월6일 10시00분
	S	여	3세		급성장카타르	11월12일 01시45분
	M	여	64세		자궁암	12월8일 07시00분
	N	남	1세		소화불량	추정 12월12일 23시00분
	N	남	15세		폐결핵	12월18일 14시00분
	I	남	33세	탄갱부	질식(탄갱 내 변사)	12월23일 14시30분
	N	여	65세		식도협착	12월30일 04시00분
1930	S	남	29세	전기공	변사(흉부내장손상으로 인한 심장마비)	추정 1월9일 17시20분
	S	남	1세		급성폐렴	1월15일 02시00분

연도	이름	성별	나이	직업	사인	사망일시
	I	여	44세		폐결핵	1월28일 10시20분
	D	남	69세		척수로	2월10일 08시30분
	K	남	30세	탄갱부	질식(갱내변사)	추정 2월12일 08시30분
	F	남	2세		만성기관지염	2월15일 02시30분
	Y	남	57세	탄갱가	폐렴	2월25일 06시30분
	K	남	11세		승모변협착 및 부전폐쇄	3월4일 05시30분
	N	남	31세	무직	만성신장염	3월6일 05시00분
	S	남	50세	탄갱부	뇌출혈	3월8일 15시30분
	I	남	13세		승모변협착 및 부전폐쇄	3월12일 01시30분
	T	남	35세	탄갱부	신장염	3월17일 09시20분
	K	여	2세		발육불량	3월18일 04시00분
	S	남	5세		결핵성뇌막염	3월26일 09시00분
	T	여	23세		급성폐렴	4월2일 06시40분
	N	남	4세		폐렴	4월8일 17시50분
	K	남	74세		폐결핵	4월17일 02시10분
	K	여	39세		급성폐렴	4월20일 16시15분
	T	남	1세		영양소모증	4월29일 00시30분
	I	여	52세		뇌출혈	5월1일 04시00분
	M	남	33세	탄갱마부	입수자살	4월22일 02시00분
	T	남	73세		간경화	5월8일 08시30분
	E	여	1세		조산으로 인한 발육부전	5월15일 14시30분
	I	남	21세		변사(두개골골절)	추정 6월21일 12시00분
	N	남	27세	탄갱부	변사(외상으로 인한 뇌진탕증)	추정 6월28일 23시00분
	I	남	1세		기관지카타르 겸 영양불량	7월24일 03시30분
	S	남	25세	탄갱부	변사(질식)	추정 7월24일 03시50분
	S	여	2세		발육불량 겸 장카타르	7월30일 03시00분
	T	남	16세		결핵성늑막염	8월14일 23시30분
	T	남	21세	기계공	카타르성황달 겸 각기	8월25일 08시30분
	K	남	27세	마부	각기	8월31일 15시30분
	F	여	1세		소화불량	9월9일 06시00분

연도	이름	성별	나이	직업	사인	사망일시
	F	여	1세		소화불량	9월10일 07시00분
	O	남	41세	탄갱고	늑막염 겸 복막염	9월20일 13시00분
	S	남	25세	탄갱부	결핵성화농성늑막염	9월22일 22시30분
	T	남	20세	탄갱고	폐결핵	9월25일 03시00분
	S	여	1세		각기	9월26일 14시40분
	T	여	53세		뇌척수다발경화증 겸 위축신	9월28일 17시40분
	K	남	2세		대장카타르	9월29일 08시40분
	Y	여	77세		장카타르	10월3일 22시00분
	H	여	1세		조산 발육불량	10월6일 08시00분
	N	여	1세		카타르성폐렴	10월10일 01시00분
	I	여	40세	일용직	급성복막염	10월10일 16시10분
	N	남	40세	탄갱부	급성카타르성폐렴	10월17일 03시00분
	K	남	23세	탄갱부	변사(우 제7, 8, 9, 10, 11 늑골피하골절에 동반하는 흉강내장손상)	10월17일 08시05분
	K	남	23세	탄갱부	급성폐렴	10월17일 09시30분
	T	여	55세		척수로	11월18일 21시00분
	I	남	62세	일용직	뇌출혈	11월20일 21시10분
	U	여	38세	일용직	급성위장카타르	11월21일 00시20분
	T	여	1세		조산 발육불량	11월29일 08시00분
	F	여	77세		만성신장염	11월29일 21시00분
	O	남	27세	탄갱부	장티푸스	12월6일 06시00분
	M	남	2세		급성폐렴	12월6일 11시30분
	T	여	7세		늑막폐렴	12월25일 13시00분
1931	Y	남	1세		소화불량	1월13일 19시00분
	N	남	28세	탄갱부	변사(두개골 및 안면골 복잡골절에 동반하는 대뇌좌상)	추정 1월19일 16시30분
	U	여	36세		급성폐렴	1월24일 04시40분
	N	남	5세		농흉	1월25일 06시00분
	Y	남	1세		발육불량	1월27일 14시30분
	N	남	3세		기관지폐렴	2월1일 12시00분
	T	여	21세		결핵성늑막폐렴	2월2일 03시30분
	N	남	20세	탄갱부	충심성각기	2월2일 13시10분

연도	이름	성별	나이	직업	사인	사망일시
	K	여	3세		뇌막염	2월4일 08시00분
	S	남	3세		뇌막염	2월27일 01시40분
	Y	남	20세		각기충심	2월11일 03시40분
	K	남	25세	탄갱인부	허약사	2월12일 10시00분
	T	여	20세		폐결핵 및 경(頸)선결핵	2월20일 22시30분
	W	남	32세		충심각기	3월11일 08시00분
	T	여	54세		심장변막증	3월11일 14시30분
	K	여	2세		급성폐렴	3월12일 15시45분
	Y	남	37세	탄갱부	늑골골절로 인한 폐손상	3월16일 03시30분
	T	남	33세	탄갱부	패혈증	3월16일 23시30분
	A	여	1세		홍역성폐렴	4월1일 09시20분
	U	여	2세		홍역성폐렴	4월7일 01시15분
	F	여	1세		유아각기	4월8일 18시40분
	K	여	56세		급성폐렴	4월12일 07시55분
	M	여	21세		급성폐렴	4월14일 07시30분
	T	여	14세		폐결핵	4월20일 23시00분
	H	남	1세		발육불량(조산아)	4월23일 13시00분
	M	남	36세		급성위장카타르	4월25일 06시10분
	M	여	3세		폐렴	4월25일 23시40분
	S	여	1세		발육불량	4월27일 23시10분
	O	남	12세		파라티프스	5월4일 00시20분
	I	남	24세	탄갱부	변사(전액골 및 두개저골절)	5월5일 15시30분
	Y	남	79세		신장염	5월11일 11시30분
	I	여	2세		복막염	5월11일 19시35분
	N	여	3세		폐렴	5월13일 14시20분
	T	남	2세		폐렴	5월22일 13시25분
	S	여	2세		복막염	6월6일 18시00분
	Y	남	36세	탄갱고	각기충심	6월7일 06시00분
	M	남	2세		급성장카타르	6월18일 10시25분
	H	남	9세		복막염	6월19일 21시35분
	N	여	1세		장카타르	6월21일 10시00분
	T	여	2세		폐렴	7월4일 20시00분

연도	이름	성별	나이	직업	사인	사망일시
	I	남	27세	회사원	뇌막염	6월30일 03시20분
	N	남	79세		신맹신장염	7월11일 12시00분
	T	여	80세		노쇠	7월14일 12시35분
	O	여	1세		위장카타르	7월20일 04시30분
	H	여	57세		만성신장염	7월25일 07시00분
	B	남	1세		소화불량	8월2일 13시50분
	H	남	33세	전기공	변사(전격에 인한 심장사)	추정 8월9일 09시00분
	I	남	42세	탄갱고	변사(염산연하구강부식, 토혈, 심장마비)	8월15일 05시10분
	H	여	62세		만성위장카타르	8월19일 08시45분
	O	남	76세		노쇠	8월26일 02시00분
	M	여	26세		복막염	8월27일 07시00분
	D	남	2세		장카타르	9월2일 01시20분
	E	여	25세		담낭염	9월6일 09시50분
	K	여	1세		선천성매독에서 발전된 패북증	9월16일 17시10분
	O	남	55세	탄갱가	뇌일혈	10월1일 19시00분
	T	남	68세		뇌종양	10월5일 22시30분
	N	여	15세		복막염	10월26일 14시00분
	U	여	1세		유아각기	11월8일 04시00분
	Y	남	2세		급성신장염	11월10일 05시40분
	Y	남	29세	무직	폐침윤	11월29일 08시30분
	D	남	1세		소화불량	12월7일 05시30분
1932	H	남	66세	탄갱고	간장암	1월9일 05시00분
	F	남	42세	탄갱가	뇌일혈	1월15일 18시40분
	M	여	1세		급성폐렴	1월15일 19시30분
	N	남	2세		폐렴	1월21일 18시55분
	E	남	45세	탄갱부	변사(좌흉부타박증 및 좌 제7, 8 늑골피하골절을 동반한 흉강내장손상)	2월8일 18시50분
	I	남	76세		노약	2월26일 17시50분
	Y	남	26세	선원	변사(골반우반측 이하 우하지좌절창으로 인한 대출혈)	2월27일 20시50분

연도	이름	성별	나이	직업	사인	사망일시
	K	남	1세		뇌막염	2월28일 02시00분
	N	여	2세		장카타르	2월29일 16시00분
	K	여	3세		만성위장카타르 겸 기관지카타르	3월3일 22시00분
	M	남	2세		폐렴	3월1일 07시40분
	O	남	19세	탄갱부		추정 3월16일 10시00분
	T	남	30세	탄갱부		추정 3월16일 10시00분
	N	남	33세	탄갱부		추정 3월16일 10시00분
	E	남	27세	탄갱부	변사(화상사)	3월17일 00시55분
	M	여	1세		발육부전	4월11일 22시30분
	M	여	1세		발육부전	4월13일 01시00분
	N	남	28세	무직	급성장카타르	4월22일 05시30분
	K	남	1세		폐렴	4월22일 00시15분
	U	남	43세	탄갱고	협심증	5월6일 22시00분
	K	남	46세	탄갱가	뇌일혈	5월8일 19시20분
	H	여	71세		만성신장염 겸 요독증	5월21일 18시00분
	T	여	2세		기관지염	6월1일 10시50분
	O	여	74세		뇌일혈	6월8일 17시30분
	K	여	37세	일용직	파상풍	6월18일 03시15분
	Y	여	3세		뇌막염	7월2일 08시30분
	O	남	66세		복막염	7월19일 12시40분
	Y	남	25세	탄갱부	늑막염	7월20일 14시50분
	H	남	1세		신생아흑색변	7월27일 16시00분
	W	여	7세		급성장카타르	8월27일 21시30분
	Y	남	1세		장카타르	8월27일 21시30분
	T	여	7세		급성장카타르	9월10일 07시40분
	T	여	2세		유아각기	9월13일 11시00분
	O	남	22세		폐렴카타르	9월15일 06시00분
	Y	여	53세		위궤양	9월28일 15시30분
	H	남	1세		유아각기	9월30일 09시00분
	Y	남	69세		담낭염	10월4일 12시30분
	T	여	1세		뇌막염	10월5일 06시30분

연도	이름	성별	나이	직업	사인	사망일시
	K	여	27세	무직	각기충심	10월8일 03시00분
	I	남	77세		노쇠	11월6일 15시25분
	O	남	1세		소화불량	11월10일 05시00분
	N	남	65세	음식점	뇌일혈	12월14일 19시40분
	T	남	54세	무직	간장경화증	12월24일 18시00분
	I	남	58세	탄갱부	기관지천식	12월29일 22시20분
1933	K	여	1세		급성복막염	1월8일 17시00분
	N	여	1세		급성장카타르	1월13일 16시00분
	K	남	12세		폐렴카타르	1월18일 12시40분
	H	여	1933년 1월 21일 생 (*0세)		강도의 신생아 황달	2월2일 11시00분
	Y	남	48세	탄갱가	심장변막증 겸 다발 치루	2월16일 19시40분
	K	남	25세		변사(우흉부 좌상으로 인한 내장출혈)	2월17일 11시40분
	H	남	2세		급성폐렴	2월20일 18시10분
	N	남	60세		만성신장염	2월23일 04시00분
	K	남	15세		결핵성복막염	2월26일 12시08분
	M	남	2세		급성폐렴	3월10일 09시00분
	I	여	1세		신생아흑색변	3월12일 19시00분
	S	여	41세		카타르성폐렴	3월22일 03시10분
	M	여	36세		폐침윤	3월23일 23시30분
	M	남	1세		급성복막염	4월3일 10시00분
	I	남	2세		뇌막염	4월12일 16시40분
	U	남	51세		변사(외상으로 인한 진탕증)	4월14일 18시40분
	Y	여	23세		폐결핵	4월19일 04시00분
	K	여	21세		폐결핵	4월19일 06시00분
	I	남	61세		요독증	5월8일 06시00분
	T	남	12세		기관지카타르	5월9일 23시50분
	I	여	3세		소화불량	5월17일 09시00분
	I	여	36세		자궁암종	5월17일 18시30분
	S	남	23세	탄갱고	장티푸스 유사증	5월23일 05시40분
	F	남	39세		변사(탄광 내에서 외상으로 인한 압사)	추정 5월22일 21시30분

연도	이름	성별	나이	직업	사인	사망일시
	K	남	24세	탄갱부	좌안면골복잡함몰골절 겸 흉추탈구골절	추정 5월22일 21시30분
	Y	여	2세		복막염	5월27일 08시30분
	F	여	2세		급성위장카타르	5월31일 10시30분
	H	남	52세		요독증	6월6일 12시30분
	O	남	79세		기관지천식	7월3일 21시40분
	N	남	68세		뇌일혈	7월3일 23시30분
	F	남	35세		변사(좌측안면골 및 두개저골절)	7월17일 12시30분
	H	남	1세		장카타르	7월19일 12시20분
	N	남	46세		폐렴카타르	8월20일 18시30분
	Y	남	2세		장카타르	8월7일 06시30분
	M	남	25세		변사(질식)	추정 9월5일 11시30분
	F	여	11세		변사(두개저골절)	9월7일 16시30분
	H	여	1세		발육불량	9월11일 20시10분
	M	남	5세		장카타르	10월2일 17시10분
	T	여	1세		유아각기	10월7일 18시40분
	T	여	31세		폐결핵	10월26일 05시40분
	T	남	24세	탄갱부	변사(외상으로 인한 실혈 겸 진탕증)	11월10일 02시05분
	N	남	1세		뇌막염	11월11일 15시00분
	M	남	1세		조산으로 인한 발육부전	11월16일 16시40분
	M	여	3세		신맹신장염	11월20일 03시30분
	I	여	13세		늑막염 겸 신장염	11월20일 14시50분
	I	여	2세		늑막염	11월26일 07시30분
	K	남	10세		폐렴	11월26일 20시40분
	N	남	20세		요독증	12월6일 11시30분
	T	여	5세		뇌막염	12월9일 10시15분
	T	남	22세	탄갱부	변사, 압사	추정 12월17일 09시18분
1934	H	여	2세		카타르성황달	1월9일 06시00분
	T	남	2세		급성폐렴	1월19일 22시00분
	M	여	5세		폐렴	1월28일 23시00분
	H	여	16세		폐침윤	2월3일 09시30분
	Y	남	76세		뇌일혈	2월9일 23시00분

연도	이름	성별	나이	직업	사인	사망일시
	F	여	77세		뇌일혈	2월20일 16시20분
	H	남	1세		조산으로 인한 발육부전	2월22일 18시00분
	H	남	1세		조산으로 인한 발육부전	2월21일 02시30분
	N	남	47세	회사원	변사(질식)	추정 2월28일 01시20분
	I	여	56세		기관지폐렴	3월4일 13시50분
	I	남	3세		급성장카타르	3월9일 20시00분
	T	남	3세		급성장카타르	3월16일 13시30분
	T	남	1세		발육불량	3월16일 17시30분
	W	남	52세		급성폐렴	3월23일 13시40분
	Y	남	53세		간장경화증	3월24일 04시15분
	N	남	47세		만성기관지염	3월31일 08시20분
	S	남	1세		장카타르	4월12일 09시00분
	A	남	44세		급성폐렴	5월17일 15시40분
	K	남	77세		노쇠	5월22일 20시00분
	Y	여	73세		노쇠	5월28일 03시30분
	A	남	51세		간장암	5월29일 23시30분
	M	남	51세		변사, 외상으로 인한 뇌진탕증	추정 6월20일 00시00분
	K	여	2세		발육불량	1월5일 09시00분
	F	남	82세		노쇠	6월27일 11시00분
	M	여	4세		기관지폐렴	7월9일 08시20분
	N	남	69세		뇌출혈	7월11일 18시10분
	K	남	3세		장카타르	7월13일 12시00분
	Y	여	11개월		만성기관지카타르	7월31일 10시50분
	T	남	39세		병명불상	8월10일 04시00분
	H	남	1900년 8월 18일 생 (*33세)		외상으로 인한 진탕증(변사)	12월18일 00시10분
	N	남	1899년 12월 5일 생 (*34세)		변사(좌두유(顥)골암양 부복잡골절)	추정 12월15일 04시30분
	K	남	1894년 11월 20일 생 (*40세)		신장염	11월20일 09시30분
	Y	남	24세		심장성각기	11월4일 19시00분
	I	여	25세		폐결핵	10월31일 11시40분
	S	여	44세		폐결핵 겸 복막염	10월27일 23시40분

연도	이름	성별	나이	직업	사인	사망일시
	Y	남	51세		폐결핵	10월7일 18시20분
	N	여	1926년 12월 12일 생 (*7세)		폐결핵	9월23일 19시40분
	O	여	1세		소화불량	9월12일 07시10분
	Y	여	1911년 6월 21일 생 (*23세)		사망원인불명	8월26일 11시15분
1935	Y	여	1934년 4월 11일 생 (*0세)		급성폐렴	1월4일 18시15분
	M	여	1935년 1월 3일생 (*0세)		급성폐렴	1월12일 12시40분
	K	여	1932년 6월 30일생 (*2세)		급성장카타르	1월21일 02시00분
	Y	남	1934년 11월 21일생 (*1세)		급성폐렴	2월21일 14시40분
	Y	여	1863년 3월 3일 생 (*72세)		요독증	2월28일 00시55분
	M	남	1905년 2월 20일 생 (*30세)	탄광부	변사(질식)	추정 2월28일 12시00분
	I	여	1935년 3월 16일생 (*0세)		발육부전	3월19일 08시00분
	F	여	1869년 9월 4일생 (*5세)		요독증	3월22일 20시00분
	T	남	1902년 4월 4일생 (*32세)	탄갱광부	변사(폭상사)	3월27일 08시16분
	O	남	1899년 1월 11일생 (*36세)	탄갱부	변사(폭상사)	3월27일 11시40분
	M	남	1897년 10월 4일생 (*37세)	탄갱광부	변사(폭상사)	3월27일 21시00분
	I	남	1908년 3월 10일생 (*27세)	탄갱광부	변사(폭상사)	3월27일 21시20분
	K	남	1911년 7월 8일생 (*23세)	탄갱광부	변사(폭상사)	3월27일 14시40분
	I	남	1895년 11월 18일생 (*39세)	회사원 (기사)	변사(폭상사)	3월28일 00시10분
	F	남	1904년 2월 5일생 (*31세)	회사원	변사(폭상사)	3월29일 02시20분
	I	남	1891년 11월 3일생 (*43세)	회사원	변사(폭상사)	추정 3월26일 21시30분

연도	이름	성별	나이	직업	사인	사망일시
	O	남	1891년 4월 14일생 (*43세)	회사원	변사(폭상사)	추정 3월28일 20시00분
	O	남	1895년 12월 1일생 (*39세)	회사원	변사(폭상사)	추정 3월26일 23시00분
	H	남	1892년 7월 24일생 (*42세)	회사원	변사(폭상사)	추정 3월26일 23시00분
	N	남	1916년 6월 3일생 (*18세)	탄갱광부	변사(폭상사)	추정 3월26일 23시00분
	K	남	1915년 5월 30일생 (*19세)	탄갱광부	변사(질식)	4월8일 10시20분
	I	남	1915년 1월 11일생 (*20세)	무직	폐침윤	4월9일 20시30분
	H	남	1898년 5월 7일생 (*36세)	탄갱광부	변사(폭상사)	추정 3월26일 23시00분
	M	남	1896년 6월 11일생 (*38세)	탄갱광부	변사(폭상사)	추정 3월26일 23시00분
	T	남	1907년 3월 17일생 (*28세)	탄갱광부	변사(폭상사)	추정 3월26일 23시00분
	M	여	1934년 8월 26일생 (*0세)		소화불량	4월15일 17시30분
	Y	남	1934년 2월 26일생 (*1세)		우측습성늑막	4월24일 16시35분
	K	남	1934년 1월 7일생 (*1세)		급성폐렴	4월26일 01시20분
	S	남	1934년 11월 19일생 (*0세)		기관지카타르	4월27일 22시25분
	O	남	1870년 12월 9일 생 (*64세)		고혈압증	6월12일 06시25분
	H	남	1927년 12월 29일생 (*7세)		변사(익사)	추정 6월11일 19시00분
	S	남	1934년 8월 20일생 (*0세)		포유아급성위카타르	6월29일 13시20분
	Y	여	1934년 9월 25일생 (*0세)		홍역 후의 기관지카타르	7월4일 18시20분
	T	남	1853년 1월 17일생 (*82세)		노쇠 및 급성장카타르	7월5일 14시30분
	M	남	1903년 12월 17일생 (*31세)	탄갱광부	파상풍	7월10일 23시30분

연도	이름	성별	나이	직업	사인	사망일시
	K	남	1932년 8월 10일생 (*2세)		신장염에서 발전한 복막염	7월16일 07시10분
	S	남	1878년 11월 23일생 (*56세)		급성폐렴	7월27일 08시00분
	K	여	1933년 10월 8일 생 (*1세)		장카타르	8월2일 02시15분
	S	여	1919년 10월 25일 생 (*15세)		우측건성늑막염	8월4일 17시20분
	S	여	1891년 8월 10일생 (*43세)		신맹신장염 겸 폐렴	8월9일 02시04분
	S	여	1861년 6월 9일생 (*74세)		자궁암	8월9일 23시35분
	S	여	1908년 2월 21일생 (*27세)	작부	중독 겸 질식사	추정 8월16일 03시00분
	K	남	1905년 10월 1일생 (*29세)	탄갱광부	신장염	8월17일 10시45분
	A	남	1898년 2월 1일생 (*37세)	탄갱광부	변사(외상으로 인한 진탕증)	8월22일 13시40분
	M	여	1933년 4월 16일생 (*2세)		장카타르	8월30일 02시15분
	O	여	1851년 2월 15일생 (*84세)		노쇠 및 장카타르	9월10일 15시40분
	W	남	1929년 1월 15일생 (*6세)		급성위장카타르	9월13일 19시50분
	T	남	1910년 5월 20일생 (*25세)		액사	추정 9월28일 04시30분
	S	여	1935년 9월 28일생 (*0세)		발육불량	9월29일 04시10분
	I	여	1911년 2월 12일생 (*24세)		급성폐렴	10월9일 10시25분
	W	남	1932년 6월 30일생 (*3세)		선천적 발육부전 및 기관지카타르	10월11일 14시15분
	D	남	1874년 4월 15일생 (*61세)		뇌출혈	10월11일 20시20분
	N	남	1905년 12월 31일생 (*29세)		변사(압사)	추정 10월16일 13시10분
	F	남	1897년 9월 22일생 (*38세)	탄갱광부	파상풍 겸 장카타르	10월26일 20시30분

연도	이름	성별	나이	직업	사인	사망일시
	T	남	1893년 8월 25일생 (*52세)	무직	척수로	11월2일 02시35분
	H	남	1932년 5월 26일생 (*3세)	무직	급성장카타르	11월1일 03시00분
	O	남	1931년 11월 21일생 (*3세)		척추골상	11월9일 13시00분
	Y	여	1859년 5월 5일생 (*76세)		노쇠	11월17일 08시00분
	T	남	1892년 9월 1일생 (*43세)		폐결핵	11월25일 06시00분
	S	여	1934년 6월 10일생 (*1세)		홍역 후의 기관지카타르	12월12일 21시25분
	M	여	1935년 12월 23일생 (*0세)		조산으로 인한 발육부전	12월24일 16시00분
1936		남	1929년 1월 4일생 (*6세)	무직	폐결핵 및 장결핵	1월1일 02시40분
		남	1935년 3월 31일생 (*0세)	무직	기관지폐렴에서 병발한 뇌막염	1월9일 23시45분
		남	1905년 8월 16일생 (*30세)	탄갱광부	압사	2월13일 23시00분
		남	1908년 2월 1일생 (*28세)		질식	추정 2월14일 23시00분
		여	1935년 9월 6일생 (*0세)	무직	감창 후의 화농성뇌막염	2월15일 20시20분
		여	1906년 10월 10일생 (*29세)	무직	폐결핵	2월23일 16시30분
		남	1905년 1월 15일생 (*31세)	토목 건축공	외상에서 발전한 진탕증	2월26일 19시50분
		여	1935년 9월 28일생 (*0세)	무직	기관지염에 병발한 뇌척수막염	2월27일 09시15분
		여	1860년 7월 10일생 (*75세)	무직	위축신	3월4일 07시40분
		남	1936년 1월 9일생 (*0세)	무직	유아각기 겸 급성장카 타르	3월12일 05시00분
		남	1935년 9월 25일생 (*0세)	무직	농흉	3월20일 21시15분
		남	1934년 3월 31일생 (*1세)	무직	기관지카타르	3월27일 12시00분

연도	이름	성별	나이	직업	사인	사망일시
		여	26세	무직	화농성늑막염	4월13일 23시20분
		남	31세	탄갱광부	두개골골절	추정 4월18일 10시00분
		남	1918년 10월 2일생 (*17세)	무직	폐결핵	4월19일 18시00분
		남	2세	무직	기관지성폐렴	4월21일 19시40분
		여	1857년 10월 12일생 (*78세)	무직	기관지 천식 겸 노쇠	5월21일 13시30분
		남	47세	탄갱광부	좌 제6, 7, 8, 9 늑골골 절에 동반한 내장손상	6월3일 10시06분
		남	2세	무직	유아각기	7월11일 01시00분
		남	39세	탄갱인부	급성대장카타르	7월10일 14시00분
		남	1세	무직	조산으로 인한 발육부전	7월31일 09시30분
		여	1세	무직	기관지폐렴	8월2일 10시40분
		남	47세	탄갱 회사원	심장마비	8월12일 10시45분
		여	1916년 5월 11일생 (*20세)		폐침윤	8월15일 01시30분
		여	31세		급성장카타르	8월27일 01시40분
		여	66세		만성기관지염 및 만성장카타르	8월28일 16시50분
		남	1936년 8월 25일생 (*0세)		발육부전	8월31일 19시00분
		남	1936년 8월 7일생 (*0세)		유아각기	9월10일 13시50분
		남	1900년 9월 3일생 (*36세)		우하퇴 봉하직염(蜂窩 織炎) 겸 대장카타르	9월15일 06시00분
		남	1911년 1월 25일생 (*25세)	탄갱광부	흉추탈구로 인한 척수 손상	9월21일 01시50분
		남	1936년 5월 11일생 (*0세)	탄갱광부	뇌막염	9월21일 23시00분
		여	1874년 4월 24일생 (*61세)		요독증	10월2일 14시20분
		남	1872년 10월 12일생 (*64세)		기관지 천식 겸 만성위카타르	10월18일 01시50분
		남	1904년 3월 1일생 (*32세)	탄갱광부	기관지성폐렴에 병발한 장티푸스 유사증	10월22일 07시20분

연도	이름	성별	나이	직업	사인	사망일시
		남	1865년 3월 20일생 (*71세)		뇌출혈	10월29일 20시30분
		남			분탄 및 암석매몰 압사	10월29일 21시10분
		남	1861년 9월 6일생 (*75세)		기관지성천식	10월30일 23시30분
		남	1891년 6월 19일생 (*45세)		심장마비	11월1일 12시30분
		남	1898년 1월 1일생 (*38세)	탄갱광부	급성척수염	11월17일 15시50분
		남	1877년 2월 12일생 (*59세)		간장암	11월24일 05시50분
		남	1908년 4월 29일생 (*28세)		급성폐렴	11월25일 18시30분
		여	1902년 12월 17일생 (*33세)	무직	장티푸스 유사증	11월29일 18시05분
		남	1933년 7월 26일생 (*3세)	무직	간장염	12월7일 12시30분
		여	1880년 9월 8일생 (*56세)	무직		12월13일 08시50분
1937	A	여	1935년 1월 31일생 (*1세)		백일해에 병발한 기관지성폐렴	1월12일 17시30분
	H	여	1936년 1월 16일생 (*0세)		결핵성뇌막염	1월14일 04시30분
	H	남	1894년 3월 13일생 (*44세)		폐결핵	1월18일 17시40분
	Y	여	1921년 11월 13일생 (*15세)		폐결핵	1월21일 15시00분
	T	여	1898년9월29일생 (*38세)		자궁암	1월23일 05시30분
	K	남	1902년 1월 6일생 (*35세)		심장변막증	2월8일 01시30분
	H	여	1937년 2월 11일생 (*0세)		발육부전	2월14일 19시30분
	E	여	1903년 3월 10일생 (*33세)		요독증	3월3일 13시20분
	T	여			급성화농성장염	3월6일 04시35분
	H	남	1933년 11월 26일생 (*3세)		흉막염	3월12일 10시30분

연도	이름	성별	나이	직업	사인	사망일시
	H	여	1936년 12월 3일생 (*0세)		기관지카타르	3월18일 10시00분
	T	여	1937년 1월 8일생 (*0세)		백일해에 동반한 기관지카타르	3월24일 05시30분
	F	남	1900년 5월 5일생 (*36세)	탄갱인부	흉부외상으로 인한 폐출혈	3월28일 12시20분
	T	남	1900년 10월 28일생 (*36세)	탄갱광부	급성심장마비	추정 4월17일 02시40분
	S	남	1877년 6월 13일생 (*59세)		급성폐렴 및 각기	4월19일 14시44분
	K	남	1919년 1월 10일생 (*18세)		급성폐렴	4월21일 16시50분
	M	여	1915년 11월 1일생 (*21세)	상점상인	협심증	4월24일 23시20분
	E	여	1913년 8월 20일생 (*23세)	간호부	염화제2수은 복독	4월28일 14시13분
	H	남	1906년 9월 10일생 (*30세)		압사	추정 5월2일 09시10분
	I	여	1909년 5월 15일생 (*27세)		우폐침윤 및 장카타르	5월2일 14시10분
	N	남	1916년 3월 29일생 (*21세)		급성폐렴	5월5일 15시30분
	F	여	1936년 4월 6일생 (*1세)		급성소화불량증	5월19일 22시20분
	Y	여	1936년 12월 13일생 (*0세)		기관지염에 병발한 뇌척수막염	5월23일 17시30분
	M	여	1866년 3월 28일생 (*71세)		노쇠증	5월24일 09시00분
	K	여	1857년 10월 25일생 (*79세)		노쇠증	6월3일 15시55분
	Y	여	1909년 5월 10일생 (*28세)	무직	당뇨병 겸 자궁근종	6월16일 07시00분
	T	남	1900년 2월 2일생 (*37세)		추락으로 인한 두개골 골절	7월20일 04시40분
	I	남	1872년 2월 20일생 (*65세)	탄갱광부	장티푸스 유사증	7월22일 02시00분
	S	남	1920년 2월 27일생 (*17세)	탄갱광부	장티푸스	7월24일 00시20분

연도	이름	성별	나이	직업	사인	사망일시
	U	남	1892년 12월 19일생 (*44세)		장부내장손상 및 내일혈	추정 7월28일 16시00분
	K	여	1912년 1월 20일생 (*25세)	작부	기관지폐렴	8월18일 06시40분
	N	남	1917년 11월 30일생 (*19세)	기계 운전패	장티푸스	9월1일 19시40분
	K	여	1937년 6월 27일생 (*0세)		인공영양장해	9월5일 02시30분
	M	남	1919년 3월 10일생 (*18세)		각기 겸 장염	10월12일 03시35분
	N	남	1905년 1월 25일생 (*32세)		객혈	11월3일 05시30분
	Y	남	1910년 3월 6일생 (*27세)		압사	11월12일 03시40분
	I	남	1909년 4월 15일생 (*28세)		장티푸스 유사증	11월11일 21시30분
	M	여	1937년 8월 13일생 (*0세)		카타르성황달	11월17일 15시30분
	K	남	1937년 10월 15일생 (*0세)		소화불량증	11월25일 00시30분
	D	여	1913년 8월 15일생 (*24세)		급성복막염	12월1일 23시00분
	H	여	1937년 11월 29일생 (*0세)		생활력박약	12월1일 15시00분
	H	여	1937년 11월 21일생 (*0세)		생활력박약	12월2일 00시00분
	N	여	1891년 7월 17일생 (*46세)		기관지 천식 겸 기관지 폐렴	12월11일 00시20분
	I	여	1937년 8월 11일생 (*0세)		급성소화불량증	12월21일 14시00분
	T	여	1937년 12월 19일생 (*0세)		생활력박약	12월21일 14시00분
	N	여	1891년 5월 18일생 (*46세)		뇌일혈	12월27일 04시30분
	U	남	1937년 12월 20일생 (*0세)		기관지폐렴	12월25일 10시50분
1938	U	여	1937년 12월 24일생 (*0세)		생활력 박약	1월2일 13시00분

연도	이름	성별	나이	직업	사인	사망일시
	M	여			산부, 임신7개월, 여아	1월8일 12시20분
	T	여	1938년 1월 11일생 (*0세)		생활력 박약	1월15일 02시00분
	H	남	1920년 3월 18일생 (*17세)		폐결핵	1월21일 03시00분
	M	여	1894년 6월 6일생 (*43세)		폐결핵 겸 장결핵	2월5일 17시00분
	Y	여	1918년 11월 20일생 (*19세)		폐결핵	2월18일 15시00분
	Y	여	1936년 12월 23일생 (*1세)		기관지염	2월23일 06시30분
	N	여	1908년 2월 17일생 (*30세)		뇌막염	2월26일 04시20분
	Y	여	1936년 3월 14일생 (*1세)		기관지폐렴	3월6일 01시30분
	T	남	1936년 5월 2일생 (*1세)		기관지폐렴	4월1일 15시30분
	I	여	1918년 12월 2일생 (*19세)		장티푸스 유사증	4월7일 02시20분
	N	여	1937년 5월 1일생 (*0세)		소화불량증 겸 기관지염	4월19일 18시30분
	M	남	1896년 12월 17일생 (*41세)	탄갱광부	상행성척수염	4월21일 09시45분
	N	남	1937년 7월 20일생 (*0세)		좌카타르성폐렴	4월30일 02시30분
	O	남	1920년 5월 10일생 (*17세)	운반부	장티푸스 유사증	5월7일 15시40분
	I	남	1934년 12월 18일생 (*5세)		뇌막염	5월9일 06시00분
	O	남	1922년 2월 4일생 (*16세)		폐결핵	6월18일 17시05분
	Y	여	32세		급성장카타르	6월26일 16시50분
	Y	남	53세		당뇨병	7월9일 03시10분
	M	여	25세		장티푸스 유사증	7월15일 02시00분
	H	여	3세		급성장카타르	7월15일 06시50분
	S	남	38세	석탄갱업 광부	심장마비	7월17일 16시00분
	A	여	49세		심장변막부전증	7월21일 06시40분

연도	이름	성별	나이	직업	사인	사망일시
	N	여	42세		장티푸스 유사증	7월22일 13시50분
	Y	여	28세		장티푸스	7월24일 12시00분
	Y	남	4세		급성장카타르	7월24일 02시00분
	S	남	21세	갱부	급성폐렴	7월24일 04시05분
	N	남	10세		변사(익사)	7월25일 11시00분
	M	남	51세		급성복막염	7월29일 01시30분
	T	여	34세		요독증	8월2일 02시25분
	M	남	17세	인부가	변사(익사)	8월1일 16시10분
	M	남	25세	인부가	장티푸스 유사증	8월2일 20시30분
	U	남	37세		장티푸스 유사증	8월4일 10시30분
	T	여	23세		장염	8월4일 14시35분
	S	여	57세		심장마비	8월5일 18시50분
	I	남	75세		심장변막부전증	8월6일 12시30분
	H	여	16세	전화 교환수	장티푸스	8월7일 09시15분
	B	남	2세		장카타르	8월7일 17시50분
	N	여	30세		장티푸스 유사증	8월12일 06시20분
	Y	여	1917년 1월 29일생 (*21세)	채탄부	장티푸스	8월12일 00시15분
	H	남	1916년 11월 20일생 (*21세)	갱부	장티푸스	8월11일 13시20분
	M	남	1913년 9월 4일생 (*24세)		장티푸스	8월14일 07시40분
	K	남	1918년 12월 23일생 (*19세)	정용부 (定傭夫)	불상	8월14일 05시00분
	K	남	1900년 12월 15일생 (*37세)	갱부	장티푸스 유사증	8월16일 02시35분
	S	남	1914년 3월 29일생 (*24세)	갱부	장티푸스 유사증	8월18일 01시50분
	M	남	1914년 8월 13일생 (*24세)	인부가	장티푸스	8월18일 00시15분
	M	여	1935년 9월 22일생 (*2세)		급성위장카타르	8월20일 22시20분
	N	남	1920년 3월 28일생 (*18세)	석탄광부	변사(익사)	8월19일 불상
	O	여	5세		폐침윤증	8월24일 15시00분

연도	이름	성별	나이	직업	사인	사망일시
	M	여	4개월		소화불량 겸 기관지카타르	8월27일 10시50분
	K	여	28세		장티푸스	8월28일 18시50분
	I	여	18세		폐침윤	8월29일 04시10분
	K	여			장티푸스 유사증	8월30일 06시30분
	T	여	1904년 11월 12일생 (*33세)		장티푸스 유사증	8월30일 08시55분
	M	여	22세		장티푸스 유사증	8월31일 23시00분
	N	남	18세	인부	장티푸스 유사증	9월2일 21시30분
	K	남	26세	갱부	장티푸스	9월3일 05시40분
	M	남	3세		소화불량	9월4일 09시00분
	A	남	43세		장티푸스	9월4일 07시35분
	S	남	31세	갱부	장티푸스 유사증	9월5일 16시00분
	M	여	20세	하녀 (賄婦)	장티푸스 유사증	9월6일 03시15분
	T	남	13세	갱부	장티푸스	9월6일 09시50분
	U	남	47세		장티푸스 유사증	9월7일 05시25분
	U	여	47세		장티푸스 유사증	9월7일 10시55분
	S	남	23세		장티푸스 유사증	9월10일 18시30분
	M	여	1917년 2월 13일생 (*21세)	작부 (付添婦)	장티푸스 유사증	9월11일 17시00분
	Y	남	1938년 2월 22일생 (*0세)		소화불량 겸 기관지염	9월13일 05시30분
	M	남	44세		장티푸스 유사증	9월14일 01시05분
	M	남	74세		노쇠	9월14일 09시00분
	K	여	25세		장티푸스 유사증	9월16일 11시30분
	K	남	55세	무직	뇌일혈	9월17일 07시00분
	I	여	14세		장티푸스 유사증	9월18일 11시35분
	O	여	66세		뇌일혈	9월20일 06시00분
	H	남	29세	갱부	장티푸스	9월19일 19시35분
	M	남	20세	인부가	장티푸스 유사증	10월5일 20시55분
	S	남	44세	갱부	뇌일혈	10월12일 06시00분
	N	남	32세		장티푸스	10월12일 06시00분
	N	남	32세		장티푸스	10월12일 06시00분

연도	이름	성별	나이	직업	사인	사망일시
	N	여	1938년 10월 12일생 (*0세)		발육불량	10월15일 07시00분
	M	여	19세		장티푸스	10월17일 02시55분
	S	남	29세	갱부	장티푸스	10월28일 22시05분
	O	여	76세		심장변막증	11월19일 10시00분
	K	남	23세	갱부	좌늑막염우급성폐렴	11월30일 11시05분
	N	남	66세	무직	뇌일혈	12월5일 01시00분
	S	여	1개월		발육불량	12월6일 01시30분
	H	여	24세		장티푸스 유사증	12월8일 10시30분
	S	남	87세		노쇠	12월12일 14시50분
	N	남	18세	갱부	장티푸스 후의 쇠약	12월18일 04시00분
	W	여	7개월		기관지폐렴	12월20일 05시00분
	S	남	23세	갱부	외상에서 발전된 뇌막증	12월20일 18시10분
1939	T	여	52세		뇌일혈	1월18일 08시05분
	T	여	16세		장티푸스 후 쇠약	1월25일 18시55분
	H	여	31세		장티푸스	2월1일 07시25분
	Y	남	7개월		기관지 폐렴 겸 농흉	2월11일 18시00분
	K	여	31세		액사	2월12일 02시00분
	T	남	34세		폐결핵 겸 후두결핵	2월23일 11시30분
	S	남	55세		폐렴	3월6일 00시40분
	I	남		석탄갱부	변사	3월8일 21시00분
	B	여	1개월		발육불량	3월14일 13시30분
	M	남		짐꾼		3월10일 10시00분
	O	여	34세		병명불상	3월16일 12시15분
	I	남	5개월		기관지폐렴	3월17일 20시30분
	N	여	36세		자궁암	3월28일 13시10분
	K	여	3세		뇌막염	5월15일 06시25분
	M	남	38세	갱부	좌측폐침윤	5월17일 05시15분
	O	여	15세		병명불상	5월26일 19시10분
	M	여	3세		뇌막염	5월26일 23시45분
	S	남	23세	무직	병명불상	5월28일 19시45분
	W	남	41세	갱부	폐침윤 만성장카타르	7월6일 19시40분
	T	여	50세		폐결핵	7월9일 24시00분
	M	남	1개월		발육불량	7월20일 13시10분

연도	이름	성별	나이	직업	사인	사망일시
	· M	남	2년1개월		소화불량	7월24일 24시00분
	O	남	73세 (1867년 9월 5일 생)		노쇠증	7월29일 17시30분
	S	여	19세		만성소모성(痩削)각기	7월29일 20시25분
	O	여	29세		폐결핵 겸 장결핵	7월31일 00시30분
	T	남	19세	갱부	외상으로 인한 전신좌상	8월4일 16시00분
	Y	남	22세	갱부	변사(익사)	8월27일 13시20분
	I	여	79세		노쇠증	9월1일 09시10분
	O	남	41세		요독증	9월13일 05시00분
	H	남	20세	갱부	낙반으로 인한 두개골 복잡골절	9월13일 03시00분
	T	남	2세		소화불량	9월21일 08시30분
	H	남	21세	석탄광업 갱부	급성심장마비	추정 9월24일 10시00분
	O	여	43세	음식점	장티푸스	9월26일 04시50분
	F	여	1개월		발육불량	9월28일 06시40분
	I	남	4세		신장염	9월30일 17시10분
	T	여	75세		만성신장염	10월3일 01시40분
	H	남	32세		급성심장마비	10월2일 12시00분
	O	여	18세		장티푸스 유사증	10월4일 18시30분
	I	여	14세		폐결핵	10월7일 01시25분
	M	남	5세		뇌막염	10월28일 09시30분
	K	여	21세		장티푸스 유사증에서 발전한 복막염	11월10일 21시40분
	I	남	27세		육분(肉芬)성고관절염 겸 좌폐침윤	11월29일 10시20분
	U	남	43세	석탄광부	위궤양	12월3일 24시00분
	K	여	34세		폐침윤	12월5일 06시40분
	I	여	29세		폐결핵 겸 결핵성복막염	12월6일 17시35분
1940	T	남	58세		급성천공성복막염	1월1일 05시00분
	M	여	2세		홍역 폐렴	1월9일 22시40분
	I	남	47세		외상으로 인한 척수출혈	1월13일 21시00분
	I	남	19세		화농성슬관절염 겸 신장염	1월16일 04시05분
	E	여	34세		각기 겸 신장염	1월15일 11시20분

연도	이름	성별	나이	직업	사인	사망일시
	T	남	22세		매몰로 인한 질식	추정 1월22일 16시00분
	M	남	17세		폐침윤 겸 간장매독	1월26일 10시05분
	S	남	3세		홍역폐렴	2월2일 08시00분
	S	남	83세		노쇠증	2월9일 00시00분
	T	남	4세		홍역폐렴	2월9일 15시50분
	M	남	2세		소화불량증	3월4일 07시10분
	S	남	39세		폐침윤 겸 부고환결핵	3월19일 13시30분
	Y	여	2세		디프테리아	3월21일 07시25분
	M	여	1세		조산으로 인한 발육불량	4월22일 04시30분
	S	여	15세		장티푸스 유사증	4월22일 24시00분
	T	남	21세		복막염	5월2일 15시50분
	S	여	43세		간장염	5월21일 01시50분
	N	남	8세		병명불상	6월16일 10시30분
	K	여	1세		생활력 침아(沈兒)	7월5일 07시00분
	M	남	20세		자살(액사)	추정 7월8일 21시40분
	Y	남	28세		급성복막염	7월10일 16시05분
	M	남	18세		폐결핵	7월19일 23시10분
	T	남	25세		병명불상	7월27일 15시30분
	K	남	25세		급성대장카타르	8월11일 00시50분
	M	남	2세		소화불량증	8월10일 15시10분
	S	여	4세		역리	8월14일 10시13분
	N	여	4세		역리	8월15일 02시05분
	N	남	35세		두개골골절	8월27일 13시50분
	H	남	2세		적리증 유사증	9월3일 21시20분
	A	남	20세		두개골복잡골절	9월10일 00시40분
	E	여	2세		역리	9월19일 04시00분
	I	남	32세		가스 중독으로 인한 질식	추정 9월18일 11시00분
	K	여	44세		다발관절염	9월25일 10시30분
	U	남	43세		신장염	9월27일 00시55분
	M	남	18세		폐결핵증	9월19일 07시00분
	H	남	3세		뇌성소아마비	9월30일 04시30분

연도	이름	성별	나이	직업	사인	사망일시
	K	남	2세		소모증	10월4일 21시55분
	K	남	21세		파상풍	10월7일 20시15분
	M	남	32세		질식사	10월8일 14시30분
	H	남	27세		질식사	10월8일 14시30분
	I	여			노쇠증	10월21일 20시10분
	F	남			동맥경화증	10월23일 16시00분
	M	남	41세		병명불상	10월24일 16시40분
	N	남	25세		폐결핵	10월28일 16시00분
	K	남	20세		외상에서 발전한 심장 마비	11월7일 12시15분
	Y	여	15세		폐결핵	11월10일 23시25분
	H	남	52세		폐침윤 겸 당뇨병	11월14일 20시30분
	T	남	33세		간장농양	11월16일 03시40분
	M	남	25세		가스중독	추정 11월19일 20시00분
	T	남	21세		외상으로 인한 복부내장 손상	11월19일 17시00분
	I	남	태어난 해(*0세)		발육부전	11월30일 13시20분
	N	여	1세		조산으로 인한 발육부전	12월1일 06시00분
	Y	남	32세		급성폐렴	12월2일 05시30분
	S	여	1세		발육부전	12월3일 20시30분
	M	남	23세		액사	12월29일 05시05분
	A	남	31세		척수 및 흉강내장손상	12월29일 05시05분
1941	I	여	41세		간장경화증	1월2일 14시20분
	S	남	56세		폐침윤증	1월17일 10시15분
	H	남	36세		동사	추정 1월15일 00시00분
	S	남	40세		두개골골절로 인한 뇌수손상	1월23일 13시45분
	M	남	46세		간장농양	1월30일 02시00분
	I	남	20세		매몰로 인한 질식사	2월5일 01시00분
	O	남	22세		우폐침윤 겸 복막염	2월8일 08시50분
	S	여	31세		급성복막염	2월8일 08시50분
	K	여	40세		신맹방염	2월13일 17시05분
	K	남	1세		발육부전	2월18일 11시05분

연도	이름	성별	나이	직업	사인	사망일시
	M	남	37세		병명불상	추정 2월23일 00시00분
	S	남	29세		척수탈구와 관련된 척수마비	2월24일 16시30분
	Y	남	37세		두개 및 안면골 함락골절	3월12일 10시50분
	K	여			산부, 임신7개월, 본인사망	3월22일 05시30분
	M	여	8세		우화농성늑막염	3월22일 12시05분
	Y	남	40세		매몰로 인한 질식사	3월31일 15시40분
	S	남	2세		기관지카타르, 소화불량증	4월13일 15시50분
	O	여	4세		성홍열	4월6일 01시00분
	K	남	57세		뇌일혈	4월13일 20시30분
	T	남	39세		만성신장염 겸 심장변막장해	4월16일 13시30분
	F	여	3세		소화불량증	4월28일 14시30분
	O	남	32세		매몰과 관련된 질식사	추정 5월15일 23시10분
	T	남	21세		폐결핵	5월23일 01시50분
	M	남	36세		외상으로 인한 진탕증	5월23일 21시10분
	K	여	2세		소화불량증	6월3일 03시00분
	B	남	2세		기관지염 겸 영양불량	6월10일 15시30분
	S	남	2세		소화불량 겸 백일해	6월14일 01시00분
	B	여	37세		폐결핵	6월23일 08시05분
	S	여	79세		만성기관지염 겸 심장쇠약	1월3일 13시30분
	S	남	29세	탄갱부	외상으로 인한 흉부내장손상	2월22일 05시30분
	D	여	2세		소화불량증	8월4일 09시03분
	O	남	31세		뇌진탕증	8월4일 21시30분
	T	여	60세		뇌일혈	8월26일 06시15분
	Y	남	40세		심장변막증	9월13일 08시30분
	M	남	35세		식중독	9월19일 09시05분
	I	여	1세		소화불량	9월22일 01시10분
	S	남	50세		간장경변증	9월20일 12시00분
	I	여	1세		소화불량증	9월26일 08시00분

연도	이름	성별	나이	직업	사인	사망일시
	H	남			담석증	10월14일 20시03분
	K	남			급성기관지폐렴	10월18일 06시00분
	T	여			폐결핵	10월25일 10시00분
	T	여			기관지폐렴	10월28일 08시00분
	N	남	34세		외상으로 인한 뇌진탕증	10월28일 17시10분
	H	남			외상으로 인한 뇌진탕증	10월29일 23시00분
	K	남	84세		복부동맥양	11월1일 15시30분
	S	남			장티푸스	11월2일 10시30분
	U	남	28세		기관지폐렴	11월26일 06시55분
	K	남	31세		파상풍	11월30일 03시40분
	K	남			기관지폐렴	12월11일 01시00분
	S	남	44세		기관지폐렴	12월14일 14시25분
	M	남			익사	12월12일 14시10분
	S	남	27세		익사	12월12일 14시10분
	K	남	20세		익사	12월12일 14시20분
	N	남	43세		익사	12월12일 17시20분
	K	남	20세		두부 및 흉부 좌상	12월16일 07시20분
	I	여	54세		간장경화증 겸 담낭염	12월15일 09시50분
1942	O	남	36세		급성폐렴 겸 복막염	1월3일 06시00분
	K	여	38세		폐결핵 겸 결핵성복막염	1월24일 04시00분
	G	여	1세		발육불량	2월4일 16시10분
	Y	남			외상으로 인한 복부, 내장손상	2월6일 08시30분
	O	여	1942년 2월 1일생 (*0세)		신생아황달	2월9일 16시30분
	S	남	72세		뇌일혈 겸 기관지염	2월11일 17시10분
	S	여	1세		생활력박약	2월20일 23시30분
	S	여			뇌출혈	3월16일 09시00분
	U	남	27세		익사	3월7일 09시50분
	Y	남	2세		기관지폐렴	3월25일 14시50분
	K	남	2세		기관지폐렴	4월2일 17시03분
	C	남			기관지확장증	4월11일 08시00분
	D	남	25세		폐침윤	5월1일 10시50분
	O	남	2세		소화불량증	5월16일 22시50분

연도	이름	성별	나이	직업	사인	사망일시
	N	남		탄갱부	외상으로 인한 두개저골절	5월22일 10시15분
	H	남		탄갱부	급성방광염	5월24일 01시50분
	M	남	1세		백일해 겸 기관지염	5월28일 00시10분
	T	남	19세		폐결핵	5월29일 22시30분
	K	여	53세		폐결핵	6월13일 00시10분
	M	남	34세		뇌일혈	6월12일 20시30분
	O	남	17세		익사	6월15일 22시00분
	S	남	20세		외상으로 인한 복부뇌출혈	6월22일 20시35분
	N	남			외상으로 인한 두개저골절	6월28일 00시00분
	S	남	19세		뇌진탕증	7월1일 04시13분
	H	남	1894년 2월 22일생 (*48세)		골반골절로 인한 복부내출혈	7월3일 09시00분
	H	남			외상으로 인한 급성복막염	7월10일 05시15분
	M	남	35세		매몰로 인한 질식사	7월14일 15시00분
	S	남	2세		소화불량증	7월16일 12시30분
	T	남	23세		기관지폐렴	7월18일 13시37분
	S	여	1세		조산으로 인한 생활력박약	8월2일 23시00분
	O	여			소화불량증, 기관지염	8월6일 16시00분
	D	남	47세		가스중독사	9월6일 19시00분
	I	여	30세		폐결핵	9월20일 20시15분
	N	여	1세		생활력박약	10월19일 18시20분
	F	남	27세		매몰로 인한 질식사	추정 11월5일 16시40분
	S	남			매몰로 인한 질식사	추정 11월5일 16시40분
	N	남			매몰로 인한 질식사	추정 11월5일 16시40분
	T	남	1세		자가중독증	11월13일 06시50분
	T	남	20세		장티푸스 유사증	11월16일 14시35분
	N	남	17세		폐결핵증	11월20일 14시20분
	M	여	2세		기관지폐렴	12월1일 05시30분

연도	이름	성별	나이	직업	사인	사망일시
	K	남	1세		생활력박약	12월7일 06시00분
	I	남	31세		폐결핵	12월7일 04시00분
	S	남			양폐문침윤증	12월30일 05시00분
1943	W	남			급성폐렴	1월12일 06시25분
	S	남			흉부좌상으로 인한 내출혈	1월12일 18시00분
	S	여	27세		복막염 겸 수술 후의 부분 누공	1월18일 14시30분
	I	남	41세		만성신장염	3월1일 05시30분
	O	남	28세		추정 가스중독	3월8일 08시50분
	T	남	29세		추정 가스중독	3월8일 08시50분
	I	남	1세		기관지폐렴	3월9일 06시00분
	H	여	58세		양폐침윤증	3월20일 00시50분
	T	남	30세		급성폐렴	3월20일 05시50분
	Y	남	3세		급성소화불량증	3월20일 05시50분
	H	남	2세		기관지염	3월20일 07시20분
	M	남			급성폐렴	4월8일 23시50분
	T	남	19세		외상으로 인한 안면골복잡골절	4월15일 00시15분
	Y	남	29세		폐결핵	4월17일 09시00분
	K	남	38세		폐결핵	4월25일 22시00분
	T	남	26세		매몰로 인한 질식사	5월10일 13시00분
	O	남	1세		기관지폐렴 겸 소화불량증	6월9일 11시35분
	O	남			폐침윤증	6월11일 11시30분
	O	남	1세		소화불량증	6월6일 01시30분
	H	여	17세		급성복막염	6월18일 07시00분
	O	남	3세		식중독	7월8일 11시30분
	H	여			노쇠병	7월15일 22시00분
	T	남		광부	익사	추정 7월19일 15시00분
	A	남	34세		폐결핵	8월30일 07시12분
	T	남	1세		신생아황달 겸 흑혈변	9월7일 17시00분
	M	여	1세		소화불량증	9월11일 14시55분
	N	남	72세		위암	9월19일 08시30분

연도	이름	성별	나이	직업	사인	사망일시
	O	남	39세		매몰로 인한 질식사	9월30일 01시50분
	S	여	61세		신장암	10월8일 06시00분
	N	남	28세		폐결핵	10월12일 15시12분
	Y	여	28세		좌습성늑막염 겸 만성기관지염	10월16일 04시00분
	K	여	76세		익사	추정 11월23일 04시30분
	S	남	38세		식중독	11월8일 07시05분
	Y	남	47세		위궤양	11월14일 12시05분
	S	남	41세		두개저골절	추정 11월24일 12시40분
	I	여	77세		만성위장염	11월30일 22시00분
	A	여	5세		지능장해	12월1일 03시15분
	S	남	52세		대장카타르	12월9일 10시50분
	M	여	45세		신장암	12월9일 10시50분
1944	A	남			기관지 폐렴 겸 소화불량	1월22일 11시40분
	S	여	15세		양폐침윤증	3월17일 10시00분
	S	여	4세		결핵성복막염	2월16일 17시40분
	T	남	28세		외상으로 인한 뇌진탕증	3월5일 00시50분
	M	남	2세		좌기관지폐렴 후의 만성늑막염	3월9일 00시40분
	T	여	4세		홍역 겸 폐렴	3월13일 10시10분
	M	여	3세		홍역 후의 기관지폐렴	3월13일 10시00분
	K	여	9세		기관지폐렴	3월19일 11시40분
	T	남	3세		홍역 겸 심장마비	3월25일 16시20분
	Y	남	37세		심장기능장해증	3월28일 14시30분
	Y	남	3세		선천성심장변막증 겸 홍역	3월29일 09시30분
	M	남	2세		홍역 겸 기관지폐렴	3월30일 19시40분
	H	여	7세		인두디푸테리아	3월3일 17시00분
	U	남	36세		후에라리아병	4월3일 06시00분
	Y	여	3세		홍역 겸 기관지폐렴	4월2일 23시16분
	Y	남	2세		폐렴	4월11일 20시50분
	H	여	1세		백일해 겸 기관지염	4월20일 13시15분

연도	이름	성별	나이	직업	사인	사망일시
	M	여	4세		백일해 겸 기관지염	4월25일 11시30분
	I	여	2세		소화불량	4월26일 07시05분
	M	여	1943년 9월 4일생 (*0세)		백일해 겸 기관지염	4월30일 01시15분
	N	남	6세		만성장카타르	5월2일 09시50분
	Y	여	2세		백일해	5월3일 11시50분
	K	남	2세		양측폐렴 겸 뇌막염	5월9일 11시00분
	I	여	25세		폐결핵	5월22일 13시00분
	M	남	2세		백일해 겸 폐렴	5월29일 11시38분
	N	남	11세		두개골절	5월21일 18시00분
	S	남	42세		두개골 및 두면골분쇄 골절	6월4일 03시30분
	E	남	3세		뇌성소아마비	6월4일 11시30분
	T	남	2세		백일해 겸 기관지염	6월10일 11시00분
	K	여	6세		소아불량증	6월20일 11시15분
	T	남	2세		기관지폐렴	6월22일 17시30분
	O	남	38세		폐결핵	6월29일 01시30분
	A	남	34세		직장카타르	6월28일 13시45분
	T	남	52세		위궤양	7월1일 06시20분
	M	남	35세		흉부좌상으로 인한 내장손상	7월6일 14시30분
	T	남	35세		매몰로 인한 질식	추정 7월11일 02시30분
	C	남	29세		매몰로 인한 질식	추정 7월11일 02시30분
	W	남	34세		매몰로 인한 질식	추정 7월11일 02시30분
	M	남	40세	갱원	감창 겸 장염	7월17일 09시05분
	O	남	16세	갱부	매몰로 인한 질식	추정 7월11일 02시30분
	O	남	17세	갱부	매몰로 인한 질식	추정 7월11일 02시30분
	H	남	44세		방광암종	8월18일 10시50분
	M	남	29세		장티푸스 유사증	8월31일 05시30분
	K	남	16세	탄광부	폐침윤	9월11일 07시20분
	O	남	40세		외상으로 인한 진탕증	9월22일 18시45분

연도	이름	성별	나이	직업	사인	사망일시
	K	남	38세	갱부	매몰로 인한 질식	9월4일 19시50분
	S	여	4세		백일해 후의 폐렴	10월7일 17시15분
	K	남	44세		복부좌상으로 인한 내장손상	10월10일 21시20분
	U	남	47세		폐결핵	11월1일 06시45분
	M	여	71세		노쇠	11월13일 00시30분
	T	남	46세		매몰로 인한 질식	추정 11월5일 21시10분
	S	남	26세		폐결핵	11월18일 19시20분
	T	남	48세	갱부	매몰로 인한 질식	11월25일 06시00분
	O	남	30세		외상으로 인한 뇌출혈	11월29일 14시05분
	I	남	21세		만성장카타르	12월2일 08시30분
	N	남	52세		적리(赤痢) 유사증	12월12일 08시15분
	T	남	50세	갱부	장티푸스 유사증	12월17일 19시10분
	U	남	27세		폐혈증	12월20일 01시15분
	S	여	1세		생활력박약증	12월23일 01시00분
	S	여			노쇠	12월19일 07시00분
	T	남	21세	갱부	적리 유사증	12월25일 11시15분
1945	M	남	31세	갱부	두부타박상으로 인한 뇌내출혈	1월4일 13시40분
	I	남	3세		인두디푸테리아증 겸 소화불량	1월4일 12시10분
	M	남	49세	갱부	위막성폐렴	1월8일 03시40분
	H	남	2세		기관지폐렴	1월11일 02시00분
	M	남	35세		급성폐렴	1월18일 21시50분
	M	남	43세		대퇴좌창으로 인한 심장마비	1월18일 17시40분
	I	남	47세		폐결핵	1월22일 11시30분
	T	여	1세		생활력박약증	2월3일 03시00분
	T	여	1916년 3월 5일 생 (*28세)		●●●●●●	2월2일 04시00분
	M	남	8세		급성위장염	2월6일 03시30분
	H	남	40세	갱부	폐결핵	2월8일 05시10분
	A	남	3세		뇌성소아마비	2월14일 16시50분
	N	남	40세	갱부	결핵성뇌막염	3월1일 14시10분

연도	이름	성별	나이	직업	사인	사망일시
	K	여	2세		기관지폐렴	2월3일 14시00분
	T	남	85세		심근변성증	3월19일 04시00분
	T	남	42세	탄갱부	액사	추정 3월22일 03시00분
	S	남	61세	탄갱부	폐결핵	3월23일 14시20분
	T	남	46세	대장장이	승모변구협착증 및 만성폐렴	3월25일 07시15분
	N	남	40세	탄갱부	폐렴	4월4일 21시00분
	T	남	1923년 3월 5일 생 (*22세)		자살(면도칼로 후두 및 식도 절삭)	추정 4월4일 08시00분
	K	남	1920년 2월 27일생 (*25세)		매몰로 인한 질식	추정 4월4일 21시45분
	I	여	1890년 6월 15일생 (*54세)		뇌막염	4월8일 05시30분
	K	여	1913년 9월 1일생 (*31세)		급성폐렴	4월8일 19시20분
	F	남	1904년 10월 7일생 (*40세)	갱원	폐렴	4월10일 11시58분
	N	남	1897년 5월 3일 생 (*47세)	갱부	폐결핵	4월22일 05시10분
	N	여	1942년 2월 3일 생 (*3세)		급성위장염	4월22일 05시10분
	I	남	1890년 2월 5일 생 (*54세)	탄갱부	폐암 및 좌측 습성늑막염	5월2일 19시00분
	N	남	1943년 11월 23일생 (*1세)		소모증	5월11일 23시30분
	N	남	1944년 1월 29일생 (*1세)		기관지폐렴	5월25일 22시25분
	T	남	1900년 8월 7일 생 (*44세)		폐결핵	7월11일 15시20분
	M	여	1945년 4월 20일생 (*0세)		기관지염	7월11일 18시20분
	H	남	1905년 4월 27일생 (*40세)		폐침윤 및 만성복막염	7월16일 13시10분
	M	남	1901년 1월 18일생 (*44세)		급성심장마비	추정 7월27일 22시20분
	H	남	1898년 4월 15일생 (*47세)		적리 유사증	8월3일 15시25분

연도	이름	성별	나이	직업	사인	사망일시
	S	남	1944년 9월 22일생 (*0세)		기관지폐렴	8월12일 16시00분
	H	여	1876년 8월 3일생 (*69세)		위궤양	8월18일 17시00분
	F	남	1932년 8월 17일생 (*12세)		공습으로 인한 사망 (폭사)	8월9일 11시00분
	Y	남	1936년 10월 13일생 (*8세)		원자폭탄으로 인한 재해사(8월9일)	9월4일 01시50분
	Y	여	1916년 8월 10일생 (*29세)		원자폭탄으로 인한 재해사(8월9일)	9월4일 18시40분
	Y	남	1930년 9월 20일생 (*14세)		원자폭탄으로 인한 재해사(8월9일)	9월5일 03시30분
	I	남	1891년 8월 16일생 (*54세)		장암	9월6일 15시30분
	N	여	1912년 2월 6일생 (*33세)		폐결핵	9월6일 08시00분
	H	남	1900년 1월 22일생 (*45세)		익사	추정 9월5일 11시00분
	K	남	1885년 12월 1일생 (*59세)		급성위장카타르	9월13일 13시55분
	N	남	1902년 4월 3일생 (*43세)		두부 외상으로 인한 뇌내출혈	9월18일 16시20분
	N	여	1870년 12월 24일생 (*74세)		노쇠	9월29일 10시00분
	H	남	1893년 9월 15일생 (*52세)		인두암종	9월20일 19시00분
	M	남	1904년 12월 12일생 (*40세)		폐침윤	10월7일 01시00분
	S	남	1903년 4월 11일생 (*42세)		만성복막염	10월5일 11시30분
	Y	남	1943년 5월 8일생		영양소모증	110(*10)월16일 06시40분
	K	남	1889년 11월 25일생 (*55세)		급성장카타르	10월16일 11시45분
	N	남	1929년 6월 2일생 (*16세)		뇌진탕증	12월2일 15시20분
	M	남	1943년 8월 28일생 (*2세)		기관지폐렴	12월28일 07시10분

사산아 기록	산부	사산아	임신 개월 수	사망연월일
	K여	남	8개월	1928년07월11일 05시00분
	I여	남	10개월	1928년08월31일 10시00분
	Y여	여	8개월	1928년09월19일 03시00분
	T여	남	9개월	1928년11월26일 05시00분
	N여	남	10개월	1928년12월29일 10시00분
	K여	남	8개월	1929년03월16일 18시00분
	N여	남	8개월	1929년07월17일 13시00분
	U여	남	9개월	1929년09월14일 21시10분
	T여	남	10개월	1930년02월27일 11시00분
	E여	남	7개월	1930년03월12일 19시00분
	S여	남	10개월	1930년05월25일 20시00분
	N여	남	10개월	1930년10월30일 10시00분
	H여	여	8개월	1931년03월03일 12시00분
	N여	여	10개월	1931년02월15일 13시50분
	F여	남	7개월	1931년09월07일 09시00분
	O여	여	10개월	1932년01월20일 04시30분
	Y여	남	10개월	1932년03월11일 07시00분
	K여	남	7개월	1932년04월24일 07시00분
	U여	남	10개월	1932년05월15일 07시10분
	N여	여	10개월	1932년05월17일 01시10분
	O여	여	10개월	1932년01월20일 04시30분
	Y여	남	10개월	1932년03월11일 07시00분
	K여	남	7개월	1932년04월24일 07시00분
	U여	남	10개월	1932년05월15일 07시10분
	N여	남	10개월	1932년05월17일 13시10분
	Y여	남	10개월	1932년03월11일 07시00분
	Y여	남	10개월	1933년12월07일 02시50분
	T여	여	10개월	1934년08월09일 05시00분
	I여	남	10개월	1934년09월12일 11시30분
	M여	여	10개월	1935년05월18일 06시30분
	K여	여	8개월	1935년08월30일 18시00분
	Y여	남	7개월	1935년08월29일 11시30분
		남	7개월	1935년09월29일 11시45분

사산아 기록	산부	사산아	임신 개월 수	사망연월일
	I여	남	10개월	1935년10월12일 01시40분
		남	10개월	1936년03월29일 22시20분
		여	10개월	1936년08월09일 11시30분
		여	8개월	1936년11월25일 18시50분
		남	10개월	1936년12월09일 15시35분
	N여	남	10개월	1937년02월07일 22시30분
	H여	남	6개월	1937년06월21일 23시00분
	Y여	여	7개월	1937년08월14일 22시15분
	M여	여	7개월	1938년01월02일 13시00분
	M여	여	7개월	1938년01월08일 12시20분
	S여	남	10개월	1938년01월12일 09시30분
	N여	남	9개월	1938년10월02일 06시30분
	F여	남	7개월	1938년12월26일 22시00분
	T여	여	10개월	1939년04월03일 23시30분
	M여	여	7개월	1939년05월07일 07시20분
	T여	여	8개월	1939년09월06일 04시15분
	K여	여	8개월	1939년09월24일 20시50분
	A여	여	9개월	1939년10월07일 01시25분
	K여	남	9개월	1939년11월18일 15시05분
	K여	여	10개월	1939년11월23일 22시05분
	H여	여		1940년07월20일 10시05분
	O여	여	8개월	1940년02월02일 08시20분
	N여	남	10개월	1940년11월01일 00시20분
	T여	여		1941년06월15일 12시50분
	K여	남	6개월	1941년08월01일 02시00분
	I여	여	10개월	1941년09월14일 12시45분
	N여	여		1941년11월02일 13시00분
	T여	여	7개월	1942년01월03일 06시00분
	A여	남	10개월	1942년09월22일 00시00분
	N여	남	9개월	1942년11월04일 18시40분
	S여	남	10개월	1942년12월09일 01시00분
	M여	여	10개월	1943년01월03일 07시00분
	S여	남	10개월	1943년07월11일 17시30분

사산아 기록	산부	사산아	임신 개월 수	사망연월일
	H여	남	8개월	1943년06월22일 23시40분
		남	8개월	1943년06월22일
	O여	남	9개월	1943년08월30일 20시10분
	H여	남 (쌍둥이)	8개월	1944년06월22일 23시40분
	O여	남	9개월	1944년08월30일 20시10분
	Y여	남		1945년01월05일 02시00분
	M여	남		1945년11월28일 21시00분

제4부

......

한의 바다

노모자키쵸(野母崎町) 난고시묘(南越名)
'조선인 익사체' 발굴 경과보고

原爆과 朝鮮人

1. '난고시묘해난자무연고사망자비'(南越名海難者無縁仏之碑)에 잠든 조선인

하시마의 조선인 강제노동 실태에 관하여 증언을 토대로 살펴보았는데 여기서 꼭 언급해두고 싶은 것이 있다. 그것은 하시마 맞은편의 육지를 달리는 현의 도로, 노모자키항선의 후루사토(古里)부락 도로변에 서 있는 '난고시묘해난자무연고사망자비'에 관한 사항이다.

이 비석은, 하시마에서 깊은 밤바다를 헤엄쳐 필사의 탈출을 꾀하던 조선인 노동자들이 도중에 힘이 다해 결국 익사했는데, 그들의 떠내려 온 시신을 이곳에 묻고 묘비를 세운 것이라 생각된다. 이 비의 유래를 더듬어 밝혀가는 과정에서 구 다카하마무라(高浜村, 1955년 노모자키쵸와 합병) 동사무소(役場) 직원 두 사람으로부터 명확한 증언을 얻었다. 그들에 따르면 표착한 5~6구의 시신을 '행려병자'로 생각하여 그렇게 분류하고 나무 푯말을 세워 매장했다고 한다. 그리고 현재의 석비는 샛길을 만들기 위해서 당초 푯말 위치보다 조금 서쪽으로 옮겨 놓은 것이라는 사실을 알게 되었다(『원폭과 조선인』 제3집, 44~47쪽 참조).

시신을 인수할 사람이 없어 '무연고 사망자(無縁仏)'로 처리된 것으로 볼 때도 매장된 사람들이 하시마에서 강제노동에 종사했던 조선인이 틀림없으리라 생각된다. 증언자의 추측도 이와 동일한데 더욱이 "탈출은 전부 실패한 것 같습니다. 대개 두 사람 정도였던 것 같습니다만, 작은 나무에 매달려 있던 사람도 있었다고 합니다"라고 보충 설명하고 있다. 아마도 다카하마무라 동사무소는 떠내려 온 사체의 인상, 체격, 복장 등에 관해 하시마 탄광에 문의하여, 그들이 탈출한 조선인 노동자라는 것을 확인한 것이 아닌가 생각된다. 지리적으로도 그러하고 당시 정치 상황으로 볼 때도 행정 당국이 떠내려 온 시신을 무턱대고 '행려병자(길가에서 쓰러진 사람)'로 단정 지었을 것이라고 보기는 어렵다. 설령 강제연행자라고 해도 탄광에서는 성명과 출신지를 파악하고 있고 행방불명자의 존재는 금방 판명나기 때문에, 떠내려 온 자가 탈출한 조선인이라는 사실을 확인하고 나서야 '신원불명', 나아가서는 '무연고 사망자'로서 조치(매장)할 수 있었던 것이 아닌가 생각한다. 혹시나 동사무소가 고향으로 연락할 마음만 있었다면, 쉽게 그 부모나 연고자를 알아냈을 것이다. 사실 인도적인 측면에서도 당연히 취했어야 할 그러한 조치가 이루어지지 않았다는 점에 바로 일본이 저지른 조선 침략의 본질이 담겨 있다. 행선지도 알려주지 않은 강제연행이 출발점이라면, 사망자를 '무연고 사망자'로 만들어 내는 것이 종착점인 것이다. 깜깜한 밤바다에 생사를 건 그들의 절명의 고통, 그들의 소식과 귀국을 애타게 기다렸을 부모와 형제자매의 기도를 생각하면, 회사(미쓰비시광업)의 인명 무시, 행정 당국의 무사안일주의를 불문에 부칠 수는 없다.

회사나 행정 측에도 탈출과 익사에 관한 증명자료가 있을 것이다. 특히 회사 측에는 '행방불명자'의 성명과 신원을 명확히 증명해줄 인사 명부가 증거를 인멸하지 않은 한 남아 있을 것이다. 법적 보존 기간이 지나더라도 그런 종류의 기본 서류는 기업 역사상으로도 영구 보존하는 것이 상식이기 때문이다. 히로시마에 있는 미쓰비시에는 조선인 징용공에 대한 '미불임금명부'가 확실하게 보존되어 있다. 일본 제국주의의 대동맥이자 토대 골자였던 미쓰비시중공업이 전쟁 책임을 반성하고 인도주의적 측면에서도 마땅히 져야 할 책임으로서 관계

자료를 공개하는 형태로 제시해야 한다. 그럼으로써 이향의 땅에서 망향의 그리움을 풀 길 없이 죽어 간 희생자들의 신원을 지금이라도 충분히 밝힐 수 있다. 또 우리에게는 미쓰비시에 그것을 요구할 책무가 남아있다.

우리는 석비의 유래를 조사한 후, 시신이 묻힌 곳 위로 도로가 달리고 있을 가능성도 고려하여 노모자키쵸에 시신 발굴 작업을 요청하여, 결국 1986년 6월 28일, 오카 대표가 입회한 가운데 발굴이 이루어졌다.

그 결과로서 네 구의 시신이 확인되었고 조선인 표착(漂着) 사체 매장 사실이 증명되었다. 시신은 새로이 화장 절차를 밟아 석비 아래에 모시기는 했지만, 전후 41년이 지난 지금 조국이 남북으로 분단되어 어느 쪽으로도 바로 돌아갈 수 없는 현실 앞에 조선 민족에게는 유골 조차 돌려보낼 수 없는 지금의 상황이 더더욱 애절한 눈물을 금할 수 없게 한다.

조선의 분단은 일본의 침략이 그 씨앗을 뿌렸다. 극동의 평화와 국제 정세에 대해 말하기는 쉬우나 전후 일관된 분단 정책의 한 기둥을 맡아 온 일본 정부와 일본 인민의 무책임한 모습은 어떠한 비난을 받아도 지나치지 않을 것이다.

이번에 발굴, 화장한 조선인 노동자의 유골이 고향 땅으로 돌아갈 날은 언제쯤일까.

2. 익사한 조선인 노동자의 매장에 관한 경과보고

1) 들어가며
(『원폭과 조선인』 제3집, 1984년, 44~47쪽)

1943년경부터 일본 패전까지 하시마(군함도) 탄광에서 강제노동 당한 조선인 노동자들이 그 고통을 참지 못하고 바다로 뛰어들어 건너편 기슭 노모반도를 향하여 헤엄쳤지만, 난고시묘 해안 가까이에서 익사했다. 구 다카하마무라 동사무소는 그들을 '행려병자'로 처리하여 난고시묘의 해안 가까운 곳에 토장하였다.

증언에 따르면 시신은 5~6구이지만, 이를 상회할 가능성도 생각할 수 있다. 본회에서는 사체 발굴과 함께 '추도식'을 거행하고 유골을 정중하게 보관하여 그 원통한 마음에 응답해야 한다고 생각했다.

2) 노모자키쵸에 대한 교섭 경과보고

① 1985년 3월 1일 본회 오카 마사하루 대표는 해당 동(町)에 다음과 같은 문서를 발송했다.

기

노모자키쵸 행정구역 내에 매장 중인 조선인 사체 발굴에 관한 문의

위 건에 관해서는 별지 자료(『원폭과 조선인』 제3집)를 참고해주시기

바라며, 이번에 재일조선인총연합회(조선총련) 나가사키현 본부와 협의하여 이들의 매장된 사체를 발굴해 확인하고 더욱 극진하게 추도식을 집행하고자 합니다.

② 이에 대하여, 3월 19일 부(60야주복(野住福) 제369호)로 해당 동장(町長)인 다카히라 요네오(高平米雄) 씨로부터 다음과 같은 회답이 있었다.

노모자키쵸 행정구역 내에 매장 중인 조선인 사체 발굴에 관한 회답

이번에 문의하신 건에 관한 조사 결과를 아래와 같이 회답합니다.

기

ㄱ. 요시다(吉田)목장에 닿은 도로는 동의 도로가 아니고, 1972년경 요시다 요시테루(吉田義輝) 씨가 사유지에 만든 사설 도로로서 본 도로를 발굴할 경우에는 이 분의 승낙이 필요할 것으로 생각됩니다.

ㄴ. 구 다카하마무라 사무장(助役) 기노시타 사이조(木下才造) 씨(난고시 ○○○번지)에게 1945년경의 조난자 매장 상황에 관하여 현장의 사정을 청취하였습니다. "5~6구를 강변 근처에 매장했다. 조선인인지 아닌지는 불명확하지만, 하시마 탄갱의 노무자가 아닌가 생각한다"는 것이었습니다. 매장지로 추정되는 장소는 동의 땅(町有地)이므로 발굴 후 신속하게 정지(整地)해 주신다면 지장이 없겠습니다.

③ 이 회답을 접하고 본회의 오카 마사하루 대표는 4월 1일 부로 재차 다음과 같은 문서를 동장에게 발송했다.

노모자키쵸 행정구역 내에 매장된 조선인 사체 발굴에 관한 재문의

위 건에 관해서 그리고 다음 건에 관해서도 회답을 요청 드리오니 번거로우시더라도 잘 부탁드립니다.

기

ㄱ. 1945년 패전 당시 히로시마에서 조선으로 귀국 중이던 선박이 태풍을 만나 난파하여 그 시신이 이키(壱岐), 쓰시마(対馬) 지구로 떠내려 오자 섬의 주민이 이것을 매장했습니다. 작년(1984년)에는 후생성이 주체가 되어 모든 사체를 발굴, 화장해 그 유골을 조선으로 송환하는 절차를 밟았습니다. 노모자키쵸의 경우도 국가 및 현에 보고하여 국가 및 현이 주체가 되어 발굴하도록 하거나 예산 조치를 취하도록 의견을 보고할 생각은 없습니까?

ㄴ. 전 항에 관하여 상호 의논할 기회를 얻고자 합니다. 일시를 지정해 주시기 바랍니다.

---

④ 이 재문의에 대하여 5월 상순 같은 동사무소 우메가에 마사히로(梅枝政弘) 참사(参事)가 본회 오카 대표를 방문해, "사체 발굴 예산 조치에 관해서는 노모자키쵸 동사무소에서 내부 협의할 것이므로 당분간 시간적인 여유를 주기 바란다"고 통고하였고 오카 대표는 이를 승낙했다. 그러나 그 후 1개월이 경과해도 아무런 성의 있는 회답이

없었기 때문에 결국 1986년 5월 21일 부로 오카 대표가 동장 앞으로 서신을 보내어, "5월 26일 (월) 오전, 해당 지역을 방문하고 싶다"고 통고하였다.

⑤ 5월 26일 오전, 해당 지역을 방문한 오카 대표는 다음의 각 분과 10시 50분~12시 10분에 걸쳐서 직접 교섭하였다.

노모자키쵸 동장   다카히라 요네오 씨
동 회계담당 책임자   마쓰우라 이세마쓰(松浦伊勢松) 씨
동 환경보건과장   하라다 타다오(原田忠男) 씨
동 참사   우메가에 마사히로 씨

그 결과 동 동장은 다음 제안을 하였기에 오카 대표는 일단 이를 승낙했다.

ㄱ. 사체가 매장된 토지는 '노모자키쵸 난고시케노사코(南越景ノ迫) 315'로 동의 땅이고 지목은 잡종지(밭) 112㎡. 다카하마무라의 무연고자 묘지로서 행려병자의 사체 매장에 사용하고 있었다. 그러나 현재는 그 매장지 위를 사람이 통행하며 차가 달리게 되어 있어서, 사자를 모독하는 것으로 생각되기에 이것을 발굴하여 현재의 '요시다 씨가 만든 석비' 밑으로 그 유골을 이장한다.
　(발굴 비용, 이장 비용은 모두 동의 비용(町費)－'예산비'－로 지출한다)

ㄴ. 이곳에 매장되어 있는 행려병자(조선인도 포함된다)의 명부가 구 다카하마무라의 보관 문서 속에 있는지 그 여부를 조사한다(노모자키쵸가

실시한다).

ㄷ. 유골의 이전 개장식은 비종교적으로 실시하고(오카 대표의 지도를
받는다), 오카 대표도 초대한다.

그리고 6월 6일, 오카 대표는 다음의 문서를 동 동장에게 발송했다.

기

**노모자키쵸 행정구역 내에 매장된 익사 사체(조선인 노동자 다수를
포함하고 있는 것으로 추정된다)의 발굴에 관하여**

위 건에 관해서는 5월 26일 노모자키쵸 동장의 의향을 직접 들을 수 있
게 되어 조선인의 인권 문제를 생각하는 본회로서 진심으로 감사드립니다.
이와 관련하여 다음 문제에 대해서도 답변을 부탁드립니다.

기

ㄱ. 사체 발굴에 필요한 대강의 비용, 동의 비용으로서 지출될 경우의
   항목비에 관하여
ㄴ. 사체 발굴 작업 담당(동 직영, 업자 위탁에 대한 전망) 등에 관하여
ㄷ. 사체 발굴 예정 일시 등에 관하여
ㄹ. 사체 발굴 입회 증인의 성명, 인수 등에 관하여
ㅁ. 현재의 석비 아래로 매장을 바꾸는 방법 등에 관하여
ㅂ. 추도식(위령제는 신도 용어입니다)을 무종교적으로 시행할 방법 등
   에 관하여
ㅅ. 기타

이에 대하여 노모자키쵸 동장인 다카히라 요네오 씨로부터 6월 11일부로 '61야환보(野環保) 제495호'에서 다음과 같은 회답이 있었다.

노모자키쵸 행정구역 내에 매장된 익사 사체 발굴에 관하여

이번 문의 건에 관해서는 아래와 같이 회답합니다.

기

ㄱ. 비용 추산 36만 엔
   지출비목 위생비, 보건위생비, 환경위생비
ㄴ. 현재는 '동 직영'으로 시행 예정
ㄷ. 아직 미정이다. 가능한 한 빨리 시행하고자 한다. (늦어도 7월까지).
   시행이 결정되면 귀회에 연락드릴 예정이다.
ㄹ. 본 동의 묘지 담당과 직원 2~3명을 입회시키고자 한다.
ㅁ. 시신이 발견되면 본 동 가바시마(樺島)화장장에서 화장하고 유골은
   납골 항아리에 함께 모셔 현재의 석비 아래에 매장하고자 한다.
ㅂ. 해당 토지를 관할하는 사찰에 의해 '장례식'(お弔い)을 거행한다.
ㅅ. 그 외, 발굴에 임할 때 관계자가 아무래도 현지 사찰에 '공양(供養)'
   을 요청할 때는 요청에 응하는 경우도 있을 것이다.

---

3) 하시마에서 탈출, 익사한 조선인 노동자의 유골 발굴 작업

노모자키쵸가 본회 오카 대표에게 통지한 '발굴일 6월 28일(토)'는 공교롭게도 하루 종일 가랑비가 내리는 날씨였다. 오카 대표가 NBC

(나가사키 방송) 세키구치(関口) 기자 팀과 함께 오전 9시 35분에 현장에 도착하니 이 동네(町) 환경보건과장 하라다 타다오 씨, 참사 우메가에 마사히로 씨, 야마구치(山口)건설(노모자키쵸) 사장 일행과 한 대의 불도저가 대기하고 있었다. 동사무소 직원 및 야마구치건설 사원이 천막을 치고 테이블 위에 분향대를 준비했다. 오전 10시가 되어 동장 다카히라 요네오, 회계담당 책임자 마쓰우라 이세마쓰 씨가 도착함과 동시에 승려 두 명의 독경으로 '공양'이 시작되었는데, 이것은 동이 주최한 것이 아니라 업자가 시행한 것이었다. 현장에서 취재를 한 것은 마이니치신문, 나가사키신문, 나가사키방송 기자들이었다. 발굴은 동쪽의 요시다목장으로 통하는 사설 도로 입구 부근이라고 오카 마사하루 씨가 주장했지만, 업자는 서쪽(작은 시내 옆의 돌담 부근)부터 발굴을 개시했다.

시각은 10시 20분이다. 오카 마사하루 씨의 예상대로 오전 중에는 사체가 발견되지 않았다. 그러나 사체를 매장한 당시의 지표와 그 후 쌓아 올린 흙의 경계가 명확한 것은 작업상 매우 유리했다. 오카 마사하루 씨는 빨리 동쪽을 발굴해달라고 야마구치건설 사장에게 전한 뒤, 나가사키신문 기자 도게 켄지(峠憲治) 씨와 함께 그의 자가용으로 현장을 벗어나 나가사키로 향했다. 교회당에서 '교회부인회정례모임'의 성서 강의를 마치고 다시 택시를 타고 현장으로 급행하여 오후 4시 25분에 도착했을 때, 야마구치건설 사장은 "두시 반에, 네 구의 백골 사체를 발굴해 가바시마화장장으로 옮겼다. 납골 항아리에 수습해 현재의 석비 아래에 납골 예정"이라고 알려주었다.

본회의 집념과도 같은 오랜 시간 동안의 노력이 결국 보답 받은 것이다. 이번 발굴 작업은 분명히 패전 처리의 하나이며 본래는 국가가 해

사체 발굴 작업

야 할 일이다. 그것을 한 지자체가 나서서 양심적으로 임한 것은 대단히 높게 평가해야 할 행정 자세이다.

이번에 발굴해 화장하고 개장한 네 구의 유골 가운데 조선인과 일본인을 구별하는 것은 곤란할 것으로 생각되지만, 이러한 조사는 앞으로 해결되어야 할 하나의 과제다. 또 그 유골을 수습한 돌 푯대는 '묘지 및 매장에 관한 법률'에 규정된 묘지 및 무덤이 아니기 때문에 노모자키쵸 동 당국의 유골 수습 방식에 '위법'이 없도록 기대한다. 또한 통일된 조선이 이 유골을 인도받기를 희망할 경우 어떻게 조치할 것인지에 관해서도 동 당국은 기본 방침을 세워두고 있어야 할 것이다.

유감스러운 점은 해당 토지 부근에 익사자를 매장했을 때 '행려병자 처리에 관한 법률'에 따라서 상세히 기록하여 그것을 보존해야 했는데, 구 다카하마무라, 현재의 노모자키쵸에서 그러한 기록이 전혀 발견되지 않는다는 점이다.

제5부

· · · · · · · ·

무언의 증인

조선인 피폭자 관련 '원폭 유구' 보존 계획

原爆과 朝鮮人

1. 스미요시지하터널

나가사키외국어 단기대학(나가사키시 이즈미마치(泉町) 243)으로 향하는, 시의 도로인 '스미요시 제1호선' 도로 밑에 도로와 거의 직각으로 견고한 암반을 굴착해 만든 거대한 지하호(터널)가 6개나 있다. 그것은 현재 히라타(平田)공업소 블록공장(나가사키시 스미요시마치 17~19) 옆에서부터 아카사코쿄 전차 정류장 부근, 에토 가축병원(나가사키시 아카사코쿄 50)까지 이어진 길로 약 310미터의 큰 터널이며, 게다가 평행으로 6개나 뚫려 있다. 습기가 심하지 않고 천장도 높고 평탄하여 얼마나 암반이 견고한지를 증명한다. 그러나 41년 전에 그 견고한 암반을 근대적 굴착기계도 없이 곡괭이와 삽으로 파낸, 거의 대부분 수작업으로 진행한 난공사라는 점을 생각하면 가슴이 저며온다.

이 터널은 1945년 초부터 격화되는 미군의 연일되는 공습을 피하기 위해 미쓰비시가 무기를 제작하는 지하공장으로 만든 것이다. 그리고 그 강행 공사에는 조선으로부터 강제연행되어 온 조선인 노무자 약 3,000명이 강제노동을 당하고 있었던 것이다. 이는 이 터널 부근에 현재 거주하고 있는 주민 및 생존 조선인들의 증언에 의해 밝혀졌다.

이 터널의 동쪽(현재 히라타공업소, 나가사키외국어 단기대학 부근)에는 조선인 노무자의 함바가 여러 개 있었다. 함바 하나에 약 30명의 사람들이 살고 있었고, 그것이 몇십 채 모여 있었다. 1979년 '나가사키 재일조선인의 인권을 지키는 모임'(이하, '지키는모임')의 현장 확인 조사에 의하면 총 600명으로 추정된다. 이와는 별도로 터널 바로 위, 산 위에도 함바가 5~6동 있었던 것이 새로 확인됐다. 증언에 따르면 그곳에도 100명가량이 있었던 것으로 생각된다. 또한 터널 서쪽의 아카사코 부근에도 동쪽과 동일한 단층 판잣집 함바가 5~6동 있었다. 한 동에 30명 정도라고 하면 150~180명 정도 있었다는 것이지만, 다른 증언과도 대조해 보면 300~400명이 거주했었을 수도 있다. 또한 니시기타고(西北鄕)의 모리야마(森山)부락(集落)에도 함바가 5~6동(약 300명)이 있어 미쓰비시병기제작소 터널 공장 굴착을 위해 강제로 살고 있었다는 증언이 있다. 이밖에 야나기다니마치(柳谷町)에 있던 니시마쓰구미에게 하청을 주던 이시야마구미의 함바가 있어 가족을 포함해 15명 정도가 거주하고 있었다. 이들의 증언을 종합하여 생각해 보면, 약 1,000~1,200명의 조선인 노무자가 이 터널 공사를 위해 강제노동을 강요당하고 있었음이 판명된다.

이 터널 내 공장에서 당시 일본인 노무자로서 작업을 하고 있던 스에마쓰 ○○(末○○) 씨는 당시 일을 다음과 같이 증언하고 있다(자세한 내용은 『원폭과 조선인』 제1집, 1982년, 42쪽~45쪽 참조).

"이게 한 350미터 되거든요. 마침 그 중간에 내가 있었던 것입니다. 원자폭탄 때 말이지요. 연결할 옆 터널(橫穴)을 파고 있었거든요. 제1과 제2(터널)는 관통했던 것으로 나는 기억합니다. 저쪽 3, 4, 5개의 터널을 조선인 노무자가 파고 있었거든요. 양쪽에 기계를 세우고 한가운데에 통로가 있었어요. 우리는 마침 벽을 등지고 일하고 있었거든요. 기계를 계속 두고 있었어요. 마주 보고 작업을 하고 있었거든요. 선반이 주를 이루죠. 왠지 벽은 좀 더 깨끗했던 것 같은데요. 이것은 첫 번째 것이네요. 우리가 여기로 이전해 온 것은 일부예요. 7월의, 대강 원폭(이 있던 날) 보름 전쯤이었다고 생각합니다. 7월 20일쯤이었지요. 기계는 공장에서 각 조가 날랐어요. 작업을 완전히 다하고 있던 것은 (*첫 번째와 두 번째였어요. 세 번째, 네 번째는 아직 공사 중이었습니다. 작업을 하고 있던 것은, (『원폭과 조선인』

제1집, 1982년, 42쪽)) 여기는 일본인뿐이고 미쓰비시병기제작소 사람들입니다.

그 사람들(조선인 노무자)은 요컨대 터널 파기로, 광차로 쭉 선로를 깔아 국철이 있는 거기까지(국철 나가사키 본선 선로까지) 깔아 운반해 갔습니다(터널의 흙을). 안에서는 알전구 하나씩 끼워서요. 이 첫 번째 말입니다만, 이 첫 번째도 조선인들이 만들었을 거예요. 그렇지요. 당시는 지금의 미도리쵸(綠町)에서 다니고 있었습니다. 조선인 함바는 건너편에는 많이 있었거든요. 분명히 기억나는 것은 이 산 (터널) 위에 있던 것이에요.

점심시간에는 거기 가서 먹었죠. 우리도 나가서 먹고 시간이 되면 돌아왔어요. 여기 도랑은 당시 만든 것입니다.

모두 서서 일한 겁니다. 그렇게 큰 선반은 아니었어요. 한가운데 통로는 두 사람이 겨우 통과할 수 있을 정도입니다.

(중략)

(터널) 안에서는 선반으로 어뢰 부분품을 만들고 있었습니다. 이곳은 모두 해군 관할이었으니까요. 함재기가 실을 작은 어뢰를 우리는 만들고 있었지요. 부품을 만들면, 본 공장으로 가지고 갔습니다. 그쪽에 본체가 있었으니까요. 조립 공장이 지금 나가사키대학, 옛날 공업학교 있던 자리에 있었는데요. 발사장이 거기 도자키(戶崎)입니까, 거기에 있었어요. 시험장이에요.

(중략)

일하고 있을 때 (원폭을) 당했겠지요. 모두 벌거벗고 있었으니까요. 즉사예요. 심했지요. (원폭) 직격이지요.

증인이 없으면, (피폭자 건강) 수첩을 주지 않는다고 하는 것은 어쨌든 실상을 모르는 일이예요. (조선인들은) 일본어도 모를 건데.

본인이 피폭 당했다고 하면, (피폭자 건강수첩을) 주지 않으면요. 그게 (일본 정부의) 책임 아니겠습니까. 증인이 있을 리가 없지요. 본인이 말하면 주어야지, 그 정도 보상을 하지 않으면, 벌 받습니다"

과거 전시 중에 옛 군대 등이 만든 방공호, 지하호 등으로 시가지에 그대로 현존했던 것은 1951년 제정된 '공공토목시설 재해복구사업 국고부담법'에 의거한 특수지하호 대책사업으로 1974년도부터 국고보조 사업으로서 '땅을 다시 메우기'(埋め戻し) 등이 실시되어 왔다. 그러나 이 통칭 '스미요시터널'에 대해서는 동 법의 '함몰 등의 위험이 예상되는 것'이라는 규정의 적용을 받지 않기 때문에 여전히 그대로 '방치'되어 있는 것이 현 상황이다.

이 '스미요시터널'에 대해 미쓰비시중공나가사키조선소 자료실 담당자는 다음과 같이 설명한다.

① 전시 중, 미쓰비시병기공장의 '터널 공장'으로 만들어진 것이다.
② 패전 후, 1951년 미쓰비시병기는 미쓰비시조선과 합병하여 서일본중공으로 개칭.
③ 1951년, 서일본중공은 현재의 나가사키대학(나가사키시 분쿄마치(文教町) 1-14) 토지(구 미쓰비시병기 오하시(大橋)공장)와 함께 이 '스미요시터널'도 문부성에 매각하였다. 이후 이 서일본중공업은 다시 미쓰비시중공이 되지만, 이 터널은 이미 문부성에 매각하였으므로 미쓰비시중공은 이 터널과는 전혀 무관하며 관계 문서도 남아있지 않다.

그러나 나가사키대학 본부 사무국의 재무과(管財係)는 "서일본중공업으로부터 구 미쓰비시병기공장 토지를 구입했을 때의 모든 기록과 장부는 보관하고 있지만 '토지대장'에는 이 터널이 포함되어 있지 않다"고 설명하고 있다.

따라서 현재 '스미요시터널'의 소유권자 및 관리 책임자는 존재하지 않는 것이 된다.

이것은 재해 및 범죄 등으로 문제가 되니 관계 관청이 협의하여 분쟁을 미연에 방지하도록 노력해야 할 것이다.

단 엄연한 사실은 이 터널 굴착 공사에는 일찍이 조선에서 강제연행되어 온 조선인 노무자가 강제노동당하고 있었다는 점이다. 따라서 일본 제국주의의 조선 침략사를 영원히 일본인의 뇌리에 새기기 위해서도 이 터널을 보존할 의무와 책임이 있는 것이다. 그것이 조선 인민 탄압, 박해, 학대에 대한 반성과 참회를 나타내며 다시 아시아 인민에 대한 침략을 막는 데 '제동'이 될 수도 있다고 확신한다. 그러기 위해서는 과거 조선인에 대한 압제, 학대, 수탈의 역사적 및 원폭 '유구'로서 이것들을 보존할 필요가 있다.

본회 대표 오카 마사하루 씨는 나가사키시의회 의원 시절(1971~1983년, 3기 12년간)에 앞서 언급한 이유를 설명하며, 이 '스미요시터널'의 보존(방범 조치를 강구해 안전 관리를 실시하고 설명판을 설치하여 조선인 피폭자 유구의 의의를 강조한다)에 대해 시의회 본회의 '일반 질문'에서 시장에게 계속 집요하게 요구하였지만, 지금도 시 당국의 성의 있는 대응은 찾아볼 수 없다.

이 '무언의 증인'의 보존에 대해서는 넓게, 시민운동으로 끈기 있게 박차를 가할 필요가 있고 '지키는모임'은 그 선두에 계속 서야 할 것이다.

2. 기바치기숙사

1941년 미쓰비시중공나가사키조선소는 조선인 청년 약 2,500명을 '징용공'으로 노동시킬 목적으로 강제연행해 '기바치기숙사'(나가사키시 기바치마치 1정목)에 수용했다. 이 기숙사는 나무 선반으로 된 울타리 안에 수용동 8동, 식당 1동, 사택 2동이 있고 약 2만 6천 평방미터의 부지에 건설된 것으로 나가사키시와 그 부근에서 조선인 노동자들이 강제로 '수용'되었던 건물 중에서는 가장 큰 것일 것이다.

기바치기숙사

'기바치기숙사'의 당시 모습에 대해 가네마루 헤이조(金丸平蔵) 씨는 다음과 같이 증언하고 있다.

"도망자가 매일같이 나와서 힘들었어요. 한편 전쟁은 더욱더 가열해지고 도저히 기한대로 '귀선(歸鮮)'시킬 상황이 아닙니다. 후생성, 현 당국, 반도인 연맹 등 각 방면에 협력을 얻어 어떻게든 한 번 더 연기시킬 공작을 하고 있었습니다만, 좀처럼 쉽게 그들은 납득하지 못하고 불온한 공기가 흐르고 한바탕 소동이 일어날 듯한 분위기였습니다"(나가사키시 작성 '조선인에 관한 증언' 일람표, 1981).

이 기숙사는 패전 후 민간에 매각되어 일부가 해체되거나 태풍으로 붕괴되든지 하여 야마다(山田)수산주식회사 소유지에 있는 2동만이 남아 있었다. 그러나 회사는 이미 폐가 상태로 노후화가 심하기 때문에 방치에 따른 환경 악화를 우려하는 인근 주민들의 강력한 요구와 토지 이용 계획 때문에 결국 1986년 1월 20~27일 사이에 해체해버렸다.

이를 전후로 해 1982년 3월 '나가사키 재일조선인의 인권을 지키는 모임'의 대표 오카 마사하루 씨는 나가사키시의회 본회의에서 '기바치 기숙사'의 보존을 시장에게 강력히 요구했다. 또 나가사키현조선인피폭자협회(회장 박민규(朴玟奎) 씨) 및 조선 문제에 관심이 많은 사람들로부터도 '복원·보존'의 목소리가 높았지만, 비용이나 방법 등 어려운 문제가 많다는 이유로 시는 적극적으로 대처하지 않았다.

'기바치기숙사'는 강제연행, 강제노동에 종사해야만 했던 조선인 징용공의 가혹하고 슬픈 생활사를 전하는 귀중한 건물이다. 이를 보존하는 것은 일본 제국주의의 조선 침략사를 영원히 일본인의 뇌리에 각인시킨다는 의미에서 매우 중요하다.

'기바치기숙사'가 해체된 현재, 잊혀지지 않기 위해서는 어떠한 기념비 같은 것을 건립하는 것이 꼭 필요하다.

'기바치기숙사'의 보존에 대해서는 '나가사키 재일조선인의 인권을 지키는 모임' 대표 오카 마사하루 씨가 나가사키시의회 의원 재직 중 (1971~1983년, 3기 12년간), 시의회 본회의 일반 질문에서 또 문서 등으로 나가사키시장에게 그 필요성을 강력히 호소하고 시당국이 적극적으로 대처할 것을 요구했다. 그러나 시당국은 이 건물의 보존은 일부분마저도 곤란하며 지주와의 절충도 어렵다며 전혀 그 보존 방법을 생각하지 않고 계획을 세우는 데도 착수하지 않은 채 오랫동안 이를 방치해 왔다. 그리고 1986년 2월, '기바치기숙사' 해체를 냉랭히 맞이했던 것이다.

그래서 6월 2일(월)자 문서로 오카 마사하루 씨는 지주인 야마다수산주식회사(나가사키시 ○○) 앞으로 다음과 같은 "조선인 강제연행, 강제노동의 유구, 기바치기숙사의 철거지에 '기념비'를 설치하는 건에 관한 요망서"를 송부하였다.

기

요망서에 관해서는 본회로서는 해체 전에 그 일부라도 보존해 주길 바라였지만, 결국 본회의 기대와 요망은 받아들여지지 못하고 지난 2월 귀사는 해체하였습니다. 그래서 본회로서는 조선인 강제연행, 강제노동, 피폭의 아픔을 후세에 전하고, 조선 민족에 대한 속죄의 의미를 담아 하다못해 그 철거지에 기념비(또는 설명판 등)를 설립하길 바라고 있습니다. 이에 관해서는 본건에 대해 직접 귀사를 방문하여 협력 요청을 하고자 하니 잘 부탁드립니다.

이 문서에 대한 답신이 없었기 때문에 6월 26일(목) 정오를 지나 가

랑비가 내리는 가운데 오카 씨는 이 회사(야마다야(山田屋)상점, 야마다수산주식회사, 조운(長運)수산주식회사)를 방문했다. 응대에 나선 것은 세토 류(瀬戸龍) 씨였다. 오카 씨의 요망을 들은 세토 씨는 즉석에서 딱 잘라 다음과 같이 회답했다.

"기바치기숙사가 세워져 있던 토지의 현소유주는 야마다수산이지만, 그 토지는 그러한 기념비를 세우기 위해서는 단 한 평도 절대로 대출도 매각도 하지 않는다. 조선인 문제는 본사와는 무관하며 과거 일본 정부가 행한 일에 본사는 책임이 없기 때문이다. 오카 씨는 과거 나가사키시 의회 의원이었으니 나가사키시나 나가사키현, 또는 조선인들에게 일을 시킨 미쓰비시중공과 교섭하여 부근의 토지를 넘겨받아 그곳에 기념비를 세우는 것이 어떠한가? 본사와는 무관하다. 모처럼의 내방이지만, 부디 언짢게 여기지 말기를 바란다."

오카 씨가 두 번, 세 번이나 요청하고 뜨겁게 설득해도 전혀 귀를 기울이지 않고, 세토 씨는 일방적인 차가운 거절의 회답을 반복할 뿐이었다. 마침내 오카 씨도 "언짢게 생각합니다"라고 말을 되받아치고 그곳을 물러났다.

이것은 7월 12일(토) '나가사키 재일조선인의 인권을 지키는 모임' 7월 월례회에서 오카 씨로부터 보고가 이루어졌는데 앞으로는 (1)야마다수산에게 양보를 요구하는 여론 조성을 추진한다, (2)나가사키시와 교섭한다는 두 방침에 따라 끈질기게 노력할 것을 합의하였다.

제6부

......

피폭 증언

原爆과 朝鮮人

1. 중노동과 원폭

(야마구치 · 오사카 · 시즈오카(静岡) · 야마가타(山形) · 후쿠시마(福
島) · 후쿠오카 · 구마모토 · 나가사키)
사○○ 76세 남자
1909년 2월 8일생
나가사키시
증언일 1986년 1월 20일

나는 조선 경상남도 창원군에서 태어났다. 현재 국적은 대한민국이
고 본적지는 창원군으로 되어 있다. 조국 조선이 일본 식민지가 되고
서는 고향 생활이 고통스럽고 가족도 많았던 나는 먹고 살기 위해서
1928년 19세 때 친구와 어울려 고향을 뒤로 하고 부산으로 가서 배를
타고 시모노세키까지 갔다. 고향에서 있었던 '일본인의 조선인 학대,
일본으로의 연행'에 걸릴까봐 무서워서이기도 했다. 시모노세키시 하
타부(幡生)에서 국철 관계로 막일에 종사하고 있었지만, 급료가 더 좋
은 일자리가 오사카에 있다고 해서 고향에서 함께였던 친구와도 헤어
져 오사카에 갔다. 거기서 하고 있던 일은 건축 현장 막일꾼으로 괴로
운 나날이었다. 오사카에서 1~2년 일한 후 시즈오카로 끌려갔는데, 터
널 공사, 오이강(大井川) 하천 개수 공사, 후타마타(二俣) 방면의 도로
공사 등 각지로 끌려가 힘든 막노동의 나날을 보내었다. 이윽고 시즈
오카에서 야마가타로 끌려가 거기서도 혹독한 추위 속에서 막노동을
해야 했다. 그 후 탄갱 인부로 조선인이 잇달아 끌려오고, 나도 후쿠시
마현 도키와 탄갱에서 일하게 되었다. 현재의 이와키시(いわき市, 당
시는 이와키시(平市)) 부근 함바에 살면서 여름에는 댐 건설공사에 겨

울에는 탄갱에서 석탄을 파는 인부로 일하고 있었는데, 거기서 현재의 아내(도야마 ○○. 1920년 2월 5일, 후쿠시마현 고리야마(郡山)시 출생)와 결혼하게 되었다. 내가 29세였고 아내는 18세였다. 그곳 생활도 힘든 중노동의 나날이었지만, 가정을 가졌기 때문에 정신적으로는 충실했다. 이곳에서 몇 년 일한 뒤 야마구치현 우베(宇部)탄갱에서 일하게 돼 가족과 함께 이동했다. 우베 탄갱에서 갱내부로 일한 노동기간은 짧았고 거기에서 후쿠오카현 구라테(鞍手)군의 탄갱지대(구라테마치, 고타케마치(小竹町) 등)로 이주하여 채탄부로 일했다. 당시 석탄 증산은 일본의 국책으로 탄갱 내에서의 노동은 처량한 것이었다. 그곳에서 구마모토 쪽으로 막노동 일이 있다고 그곳으로 끌려가게 되었다. 그러나 구마모토의 토목작업도 단기간이었고 결국 1943년 봄, 나가사키 시 외에 있는 가미노시마(神の島) 매립 작업에 인부로 나가사키에 끌려왔다. 내가 34살, 아내가 23살 때다. 처음엔 고세도(小瀬戸) 지구 함바에 살아야했는데, 우리는 '부부 함바'로 '독신자 함바'에서 조금 떨어져 있었다. 놀랍게도 그 매립 작업(인근 산을 발파로 폭파시키고 그 암석과 토사를 광차로 운반해 바다를 매립)에 종사하고 있는 조선인은 무려 1,500명 정도이며 매립 크기도 눈이 둥그레질 정도로 거대했다. 나는 아키타조에 속해 있었는데, 이 아키타라는 남자도 조선 사람이고 그 두목이 우리를 지배하고 있었다. 나는 그때까지의 경험을 높이 평가받아 다이너마이트로 산을 무너뜨리는 '발파계'를 맡고 있었다. 나가사키의 고세도에 왔을 때는 부부와 아이 둘 모두 4명이었는데, 여기서 또 아이가 하나 태어났다. 일본 패전 후, 차례차례로 5명의 아이가 태어나 아이는 총 8명이 되었다(여자, 여자, 여자, 남자, 여자, 남자, 여자, 남자이다. 셋째 아들은 작년에 사망했다). 그 후 우리는 지금 살고 있는 이 니시도마리(西泊) 산 위로 이주해야 했다.

　이곳은 보면 알 수 있듯이, 두 봉우리에 낀 골짜기의 높은 위치에 있고, 한편 기바치 쪽에서는 가미노시마 쪽 바다가 보이고, 다른 쪽 니시도마리 쪽에서는 나가사키 항구의 입구가 보이는 경사진 땅만 있고 평지 같은 것은 없다. 우리는 산에 나 있던 삼나무 등을 베어내고, 두목 아키타 씨와 우에무라 조로부터 지급받은 폐자재 등으로 토대 공사를 하지 않은 허술한 판잣집을 곳곳에 지었다. 지붕 기와 같은 것들도 없는, 벽도 없고 허술한 인간이 사는 '집'이라고는 할 수 없는 쓰러져 가는 집이었지만, 그래도 모두 조선 사람들은 서로 돕고, 서로 궁리하면서 살아왔다. 물은 니시도마리 쪽 산기슭의 샘물을 사용하고 있었는데, 그것을 퍼 올려 양동이로 모두 협력해 산 위로 짊어 올리는 것은 중노동이었다. 니시도마리 산 위에 정착했을 때 하던 일은 니시도마리 쪽 해안 매립 공사와 그곳에 건설할 조선소 만들기(훌륭한 것이 완성되었다. 현재도 거기에 있다)였다. 또한 현재 니시도마리 버스 정류장 부근의 해안 매립 공사(전후 그곳에 니시도마리중학교가 세워졌지만, 현재는 미쓰비시조선소가 그곳을 매수해 그 구내로 되어 있다) 등 막노동뿐이었다. 후쿠오카현 구라테군 탄광에서는 조선인 노무자들이 일본인 감독에게 혹독하게 구타당하거나 무릎을 꿇리어 목도 같은 것들로 얻어맞거나 상당히 학대받았지만, 고세토나 니시도마리 작업 현장에서는 그런 일이 없었다. 니시도마리의 산 위에서 우에무라조로부터 쌀 배급 등을 받고 경사지를 잘 이용해 야채 등을 만들거나 분뇨 등을 기바치 사람들에게 건네주어 야채를 받거나 하였다. 당시 이곳에 살고 있던 조선인 노무자들은 가족이 있는 자를 포함해서 1,000명 정도였던 것 같다. 1945년 8월 9일, 나가사키 원폭 투하 당일에 겪은 일은 결코 잊은 적이 없다. 그 날, 니시도마리 쪽 해안 매립 공사하는 데 있었기 때문에 그 섬광과 거의 동시에 덮친 격렬한 폭풍으로 몸이 완전히 날리고, 이어서 굉장한 폭음이 나가사키 항구에 울려 퍼졌다. 그 무서운 원폭은 이 몸으로 실제로 체험했다.

원폭피폭자건강수첩은 그 제도가 생긴 지 3~4년 후에 지급받았다. 수첩 교부 신청 시 증인 2명 중 1명은 일본인으로, 다른 1명은 조선인이었다(그는 일본 이름을 기무라(木村)라고 하며, 작년 8월 사망했다. 부인은 고바야시(小林) 씨라고 하며 지금도 니시도마리마치에 살고 있다).

일본 패전 후, 고세토 지구나 기바치나 이 니시도마리 쪽에 있던 조선인들은 부근에 있던 아무리 작은 배라도 앞 다투어 타고 고향 조선을 향해 돌아갔다.

그러나 도중에 폭풍을 만나 난파하여 사망한 사람도 적지 않았다. 우리가 지금 살고 있는 이 판잣집 같은 집도 패전 후 귀국하는 동포한테서 받은 것이다. 나도 최근 두 번 정도 50여 년 만에 그리운 고향을 방문했지만, 친척, 지인도 뜸해져 있었다. 점점 체력도 떨어져 위 수술을 두 번이나 받았고(셔츠를 들어 올려 엄청난 수술 흉터를 보인다), 하체가 약해져서 이렇게 집에서 요양 중이다. 이제는 아이들도 성장해 결혼해서 여기저기 옮겨 살고 손자도 많이 보았다. 36년간이나 조선을 식민지화하고 조선인을 학대해온 일본은 정말로 참회와 회개를 하고 있는 것일까 하는 생각이 들 때가 있다. 일본과 조선은 사이좋게 지내지 않으면 안 되며, 전쟁 같은 것은 절대로 일으켜서는 안 된다고 생각한다.

(오카 마사하루)

2. 원폭의 거리에서 조선인이 도와주었다

아오키 ○○ 58세 여자
1928년 4월 26일생
나가사키현 니시소노기군
증언일 1986년 8월 8일

원폭 투하는 내가 17세 되던 해 여름이었습니다. 나는 우체국(貯金局)이라는 곳에서 근무했습니다. 그곳은 사무실이 마을 중앙에 있었기 때문에 공습경보가 나면 사무다운 사무는 할 수 없었기 때문에 항상 지하 대피소에 서류를 가지고 쭉 피난하고만 있었습니다.

우리 집은 시로야마마치(城山町)에 있었습니다. 원폭 낙하지점에서 1킬로 이내인 곳인데, 산 아래에 있어 주변은 조용하고 근처에 논과 밭이 있으며 매우 좋은 곳이었기 때문에 공습이 심할 때 등은 집에서 쉬고 있었습니다.

1945년 8월 9일, 그날도 아침부터 공습 경보 발령 때문에 근무를 쉬고 있었습니다. 이윽고 공습 해제가 되어 방공호에서 나와 집 안에 있었습니다. 슬슬 점심 식사 준비를 하자고 가족들과 이야기하고 있었습니다.

그때입니다.

대문 쪽에서부터 파르스름한 광선이 들어왔습니다. 틀림없이 이야기로 들었던 황린 소이탄이 현관에 떨어진 것이라고 생각하고 집 뒤쪽으로 달려나갔습니다. 그러나 정신을 차렸을 때는 집에 깔려 있었습니다.

스스로 엎드렸는지 넘어졌는지 잘 모르겠지만, 2층집이 무너지고 흙과 기둥 등이 몸 위를 덮고 있었습니다.

옆쪽에서 부스럭거려서, "누구야" 하고 물었더니 여동생이었습니다. 나는 몸이 움직이지 않아서 다리 쪽을 보니 장롱이 내 발 위로 넘어지면서 모서리가 박혀 있었어요. 여동생은 "나갈 수 있을 것 같다"고 하며 부스럭거리고 있었는데, 조금 있더니 빠져나갔습니다.

뭔가 차가운 것이 가슴 쪽으로 흘러내려 뭘까 하고 잘 보니, 얼굴에서 피가 막 흐르고 있는 것입니다. 그것은 많은 피였습니다.

여동생은 어떻게든 빠져나왔지만, 나를 도와주지 못하고 들보 밑에 누워 움직이지 못하고 있는 어머니와 남동생들을 구해내고 있는 모습이었습니다. 얼마 안 있어 남동생이 나에게도 와 주었습니다만, 무거운 장롱을 뺄 만한 도구도 없어 할 수 없이 밖으로 나갔습니다.

그러는 동안 우지끈 소리가 나면서 집이 불타기 시작한 겁니다. 나는 이제 글렀다, 타죽는구나 하고 생각했습니다. 여기서 죽는건가 하고 생각하고 열심히 염불을 외었습니다. 혀를 깨물면 죽을 수 있다고 들어서 조금 시도해 보았지만, 좀처럼 가능한 일이 아닙니다. 인간의 몸은 반만 타면 죽는다고 들었기 때문에 탈 때는 뜨겁겠지 하고 의외로 차분한 마음으로 앞에 널려 있는 앨범을 바라보고 있었습니다.

그러는 사이 우지직 큰 소리를 내며 불이 다가왔습니다. 팔이 뜨거워지고 머리카락도 바짝바짝 타오르기 시작했습니다. 어떻게 해서든 다리가 빠질 수 없을까 하고 힘껏 발버둥 쳤습니다. 그때에요. 갑자기 발이 빠지는 거예요. 발이 쓱 빠진 거죠. 나는 정신없이 일어나 갇혀 있던 방에서 허물어져 있던 벽을 부수고 밖으로 나왔습니다. 밖으로 나올 수 있었습니다. 어머니와 여동생들은 합장을 하며 불타고 있는 집을 향하여 손 모아 공손히 절을 하고 있었습니다. 그 속에서 내가 불타고 있다고 생각한 거겠죠. 거기에서 세상에 피투성이인 내가 뛰쳐나왔기 때문에 깜짝 놀라 달려와서 다행이다, 다행이다 하면서 서로 기뻐했습니다.

뛰쳐나온 나는 곧바로 모두에게 물어보니, 어머니는 들보 밑에 깔려 있는 것을 여동생이 도와서 밖으로 나올 수 있었다고 했고 다리에 화상을 입은 데다 손발이 베인 상처로 가득했습니다. 남동생은 등이 화상으로 가득하여 고통스러운 모습이었습니다.

그리고 우리 모자의 힘든 시절이 시작되었습니다. 아버지는 그 날 아침, 건강하게 집을 나간 채 돌아오지 않는 것입니다. 군수 공장에서 일하고 있었기 때문에 항상 걱정하고 있었습니다만, 끝내 밤이 되어도 돌아오지 않았습니다. 집에서 동네를 보면 보이는 한 전부 불탄 벌판이 되어 폐허입니다. 보통 때는 보이지 않는 훨씬 앞까지 보여요. 이런 끔찍한 폭탄은 처음이에요.

근처 친한 친구들도 불에 타 죽었다는 것을 알았어요. 머리는 멍하고 눈물도 안 나는 상태였어요. 밤이 되면 위쪽 산에서 생나무가 바르르 타오르고 있었어요. 무섭다기보다는 꼭 연등 행렬처럼 예쁘게 보였습니다. 원폭이라는 것은 당시는 알 수 없었지만, 엄청난 힘을 가진 폭탄 광선으로 불타기 시작한 것이라고 멍하니 바라보고 있었습니다.

다음날 어떻게든 치료를 받고 싶어서 마침 시로야마소학교에 구호소가 생겼다는 말을 듣고 거기에 갔습니다. 평상시에는 15분이면 갈 수 있습니다만, 결국에는 도중에 하룻밤을 묵고 말았습니다. 어쨌든 가슴이 두근거려 걸을 수 없었습니다. 다섯 살짜리 남동생의 손을 끌고 있었지만, 반대로 이끌려 걷고 있던 것을 기억하고 있습니다.

겨우 구호소에 당도했을 때에는 이미 걸을 수 없는 상태였습니다. 거기에는 마치 유령 같은 사람들이 모여 있었는데, 그 부상당한 모습은 정말로 참혹한 것이었습니다. 석류처럼 터진 유방에 아이를 꼭 안고 있는 엄마. 그 아이는 죽은 것 같았어요. 누구나 할 것 없이 옷은 너덜너덜하고 피부는 피로 더러워져 거무스름하고 정말 지옥이란 이런 곳이 아닐까 생각했습니다.

나는 그곳에서 응급처치를 받고 빨간색과 노란색 붕대로 머리를 칭칭 감았습니다.

구호소에서 우체국을 다닐 때 친한 친구와 만났는데, 친구 집이 폭탄의 중심지 바로 근처여서 어머니는 돌아가셨다는 소식을 들었습니다. 하지만 왠지 눈물도 나오지 않아요. 그 상냥한, 신세를 진 아줌마도 죽었다고 합니다.

구호소를 나와 우리는 걷기 시작했습니다만, 길도 빨리 걸을 수 없습니다. 기와와 전선, 나무토막 등이 묻혀 있어서 걷기가 매우 힘들었습니다. 신발 같은 것도 없고 맨발로 걸었어요.

바로 그 즈음, 오하시가 임시 정류장으로 되어 있고 부상자를 시외병원으로 옮기고 있었습니다. 구호소에서 만난 친구가 나를 업어 주고 오하시로 향했는데, 역시 내가 무거웠던 것이겠죠. 잠깐하며 내려주었습니다. 그 도로가 뜨거웠던 것, 화상을 입을 것 같은 뜨거움이었습니다. 그래서 미안하지만 빨리 다시 업어달라고 했어요. 그 친구가 어디선가 찾아준 한 짝씩 다른 신발을 신고 그럭저럭 계속 걸었습니다. 오하시까지 가는 길은 정말 끔찍해서 반쯤 탄 사람, 새까맣게 변해서 다리에 웅크리고 있는 사람, 강물 속에는 물을 구하러, 사람과 사람이 포개져서 죽어 있습니다. 어쨌든 물을 마시고 싶었기 때문이죠.

우리가 오하시까지 겨우 당도했더니 벌써 우라카미(浦上)역까지 개통되어 기차는 오하시에는 서지 않고 천천히 움직이고 있었습니다.

그래도 구호반 사람들은 들것에 실어 날라 왔습니다. 어쩔 수 없이 길가에 내려놓고 갑니다. 더운 한 낮에 그 사람들은 물, 물하고 둔탁한 눈으로 비틀비틀 강으로 내려가서 얼굴이 물에 닿을 듯 말듯 한 곳에서 움직일 수 없게 되어 버립니다.

우리 모자는 근처 방공호로 들어갔어요. 여동생이 가장 건강했기 때문에 멀리까지 물을 길으러 가서는 마시게 해 주었습니다. 호 안으로 할머니가 들어왔습니다. 하마구치마치(浜口町)의 가게 분과 이야기하고 있었습니다만, 다음날은 죽었습니다. 죽은 할머니와 함께 호 안에 있었지만, 무섭지도 않았습니다. 나는 호에서 얼굴을 내밀고 "살려주세요" 하고 외치고 있었어요. 길을 지나는 사람들은 육친을 찾아 헤매고 있는 것이겠죠. 입을 수건으로 막고 지나가고 있었습니다. 고약한 냄새가 나고 있었습니다.

아버지의 회사는 오하시병기공장의 부품 공장이었기 때문에 여동생이 회사까지 갔습니다. 아버지는 역시 공장 안에서 죽었습니다. 이제 더 이상 그 자상한 아버지를 만날 수 없다고 생각하니 나는 참을 수 없어 큰 소리로 울었습니다. 어머니는 울지 않고 잠자코 있었습니다. 그 뒤의 일을 생각하면 울 수 없었으리라 생각합니다.

그러는 동안 조선 사람들이 우리들을 도와주었는데, 근처 야마자토 (山里)소학교까지 차로 실어주었습니다. 게다가 어디선가 이불까지 갖다 주셔서 정말 도움이 되었습니다.

야마자토소학교에는 군에서 구호반이 와서 치료를 해주셨습니다. 나도 조금 건강해져서 운동장 건너편까지 물을 길러 갔는데, 그 운동장에 사람 뼈가 가득 널려 있어서 밟지 않으려고 조심해서 걸었습니다. 교실 안에서 모두 뒹굴뒹굴 자고 있었습니다만, 차례로 죽는 사람이 나와서 모두 함께 기도하고 있었습니다. 가톨릭 분들이 많은 것 같았습니다.

먹을 것도 없어서 나와 여동생은 불탄 자리까지 가 보았습니다. 부서진 항아리 속에서 매실 장아찌를 발견하고 가지고 돌아왔습니다. 그러나 피로가 심해져서 군의관에게 꾸중을 듣고 큰 주사를 맞았습니다. 그 당시에는 체력이 거의 없었던 상태였어요.

일본의 패전도 거기서 누군가로부터 알게 되었습니다. 이제 저는 어떻게 되든 상관없다고 생각했습니다.

이렇게 혹독한 폭탄을 사용한다면 어쩔 도리가 없어요. "이기기 전까지는" 하고 죽창을 들고 열심이었는데 하며 생각했습니다.

거기서 열흘 정도 있었을까요? 더운 한낮의 마을을 지나 우리들을 가다후치(片淵)에 있는 경제대학으로 데리고 갔습니다. 그곳에는 일본적십자의 구호반이 열려 있었습니다. 가다후치마치 근처에는 아직 깨끗한 집이 많이 남아 있었습니다. 거기서 또 교실에 이불을 늘어놓고 지냈습니다. 여기서도 매일 칠판에 사망자를 적었습니다만, 4명, 5명하고 매일 죽어갔습니다.

몸이 굳어지고 경련을 일으켜 이제 위험한 것 같아 간호사를 부르러 가면 거즈를 한 장 가지고 와서, "좋은 데로 가세요" 하고 휙 거즈를 얼굴에 씌우고 그걸로 끝입니다. 정말 안쓰러워 참을 수 없었습니다. 약도 주사도 충분히 없었기 때문에 어떻게 할 도리가 없었으리라 생각합니다.

여기에 와서 지금까지 건강했던 여동생이 드러누워 버렸습니다. 내가 다리의 부기가 빠져서 조금씩 움직일 수 있게 되어 여동생을 돌보았습니다. 하지만 여동생은 8월 31일에 결국 죽었습니다. 열이 있었나 봅니다. 물만 마시고 헛소리만 했어요. 죽기 전에는 아버지가 마중 나온 것처럼 "아버지" 하고 말했습니다. 죽은 후 자세히 보니 눈 밑에 큰 보라색 반점이 나와 있었습니다. 기분 나쁠 정도로 큰 것이었습니다.

우리들은 여동생의 유해를 태울 수도 없어서, 그 무렵 시청에서 매일 쓰레기 상자를 끌고 와서 그것으로 시체를 운반해 갔기 때문에 거기에 여동생의 유해를 부탁했습니다.

여동생의 사체는 제일 먼저 실려 쿵 소리를 내며 상자 밑으로 떨어졌어요. 그 위에 다른 시체들이 점점 쌓여 가득차고, 맨 위에 작은 아기가 휙 실려 갔습니다. 마치 작은 인형 같았습니다. 끈이고 뭐고 묶지 않은 채 끌고 갑니다. 전송을 하고 있는데 아기가 땅바닥에 쿵 하고 떨어지고 말았습니다. 수레를 끌고 있던 아저씨는 아기의 머리채를 잡고 휙 하고 던졌습니다. 그 아기는 무사히 잘 갔을까, 몇 번이나 떨어진 것은 아닐까 하고 지금도 그 광경은 잊을 수가 없습니다.

나중에 시청에 유골을 받으러 가니, 사과 상자 몇 구나 들어가 있었습니다. 담당 직원은 "좋은 걸로 가져가"라고 했습니다. 누구 뼈인지는 몰라도 조금 가지고 왔습니다. 같은 교실 안에서도 "내가 태울테니간" 하고 시체를 놓아두면 어느새 거기에 구더기가 끓고 있었습니다.

옆에 시체가 있어도 그 무렵은 무섭지도 않고 지금 생각하면 섬뜩하지만 그 무렵은 모두 어떻게 되었던 거라고 생각합니다.

어머니의 사체 곁에 조금 작은 아이가 앉아 있는 것입니다. 벌떡 일어나 아우성치는 사람도 있었어요. 신경을 상해서 이상해진 거죠.

전쟁 나간 남편의 시계를 차고 정좌하고 앉아 뭔가 말하고 있는가

했더니 푹 쓰러져서 그대로 숨을 거두어 버린 다부진 부인도 있었습니다. '이것이 전쟁이다, 생지옥이다' 하고 생각하면 견딜 수 없는 기분이었습니다.

그러는 사이에 나도 머리카락이 빠지기 시작했고 자주색 반점도 생기게 되었습니다. 어떻게 하든 살고 싶었습니다. 그렇게 되면 모두 죽기 때문입니다. 안면이 있는 간호사에게 뭔가 "약은 없습니까" 하고 물었지만, 아무것도 없다고 해 아무것도 받지 못했습니다.

나는 조만간 죽는 건가 하고 생각하면서 멍하니 나날을 보내고 있었습니다. 그러는 동안 거기도 폐쇄된다고 하며 우리를 신코젠(新興善)소학교로 데리고 갔습니다.

그 즈음 미국 병사가 상륙한다고 하여, 갈 곳이 있는 사람은 모두 가재도구를 리어커 등에 쌓아서 도망갔습니다. 그래도 우리는 어떻게 해야 할 줄 모르고 아버지도 없어서 어떻게 하면 될지 걱정했습니다만, 학교로 갔습니다. 이제 거의 매일같이 미국 병사들이 어슬렁거렸습니다. 아이들은 "헬로, 헬로" 하면서 미군에 붙어 츄잉껌과 사탕을 받았습니다. 학교 안으로 들어와서 술을 내놓으라는 미군도 있었습니다. 전 그들이 미워 견딜 수 없었습니다.

어느 날 배를 찔린 아저씨가 실려 왔습니다. 괴로운 듯이 신음하고 있었지만 의사와 간호사가 부족하여 좀처럼 간호를 받을 수 없었습니다. 미군에게 폭행당할 뻔한 딸을 감싸고 오히려 찔렸다고 합니다만, 그 아버지는 결국 죽었습니다. 전쟁은 끝났는데 아직도 이런 일이 반복되고 있었습니다. 밤에는 인체 해부가 이루어지고, 뼈를 깎기 때문일까요, 톱 소리가 쿨쿨 자고 있는 교실까지 들렸습니다. 우리도 죽으면 해부당하겠지 하고 생각하고 있었습니다.

가을바람이 불 무렵, 우리도 꽤 건강해져서 시내에 집을 빌려 이사했습니다. 거기는 가이세(海星)중학교(현재 가이세고등학교) 아래쪽이었어요. 나는 그곳에서 아주 무서운 일을 겪었습니다. 어느 날 동네 우물에 물을 길러 갔다가 돌아오는데, 아래쪽에서 흑인이 섞인 몇 명의 미국 수병이 올라왔습니다. 덜덜 떨면서 보고 있으니 그들은 칼을 칼집에 넣었다 뺐다 하고 있었습니다. 나는 길가에 우뚝 서서 그들이 지나가기를 기다리고 있는데 내 앞까지 온 한 흑인이 내 팔을 꽉 잡았습니다. 나는 필사적인 힘을 발휘해 순간적으로 그 손을 뿌리치고 날듯이 달아났습니다. 그 무렵 나는 머리카락이 빠지고 말았는데, 겨우 조금 자라도 마치 남자 아이 같았습니다. 그래도 여자에 굶주려 있던 그들에겐 내가 여자로 보였던 거겠죠. 정말 끔찍한 옛일로 평생 잊지 못할 겁니다. 당시 그들에게 끌려갔던 젊은 여자가 욕을 보아 정신에 이상이 생겼다든가 하는 여러 가지 소문이 무성했습니다.

　그리고나서 어머니 고향으로 돌아가 시골 생활을 했지만, 그래도 일주일 정도 열이 나서 아무것도 먹지 못할 때도 있었고 정말로 죽을 고비를 몇 번이나 넘었습니다.

　전후에 뉴기니아에서 살아남은 지금의 남편과 결혼했는데, 남편의 양친도 폭심지 가까이에서 원폭사하였습니다. 뼈를 주우려 했더니 산산이 부서지고, 뼈까지 다 탔다고 합니다. 결혼해도 아이가 무사하게 태어날까, 내장에 영향은 없을까, 부모가 되어 아이가 성장할 때까지 살 수 있을까 하는 생각뿐입니다.

　다행히도 지금까지 살아남았고 기쁜 일 슬픈 일 가득했습니다만, 살아 있어 좋았다고 생각합니다.

　평화가 그럭저럭 계속되고 있는 지금입니다만, 누군가가 1935년경의 세태와 닮았다고 하므로 앞으로는 전쟁이 일어나지 않도록 꼭 모두가 같이 지켜보고자 합니다.

소련의 체르노빌 원전 사고도 핵이 얼마나 무서운 것인지 조금은 알았을 거라고 생각합니다. 핵은 사용하지 않아도 가지고 있기만 해도 이런 무서운 일이 일어나는 겁니다. 핵은 계속 반대하고 싶습니다.

나는 후쿠다 스마코(福田須磨子) 씨를 결코 잊을 수 없습니다. 같은 동네에서 근처에 계셨고 원수협(原水協)도 같이 들어가 집회도 같이 나갔습니다. 후쿠다 씨는 피부가 손상되는 병에 걸려 얼굴과 손, 팔이 붉어지고 피부 표면이 너덜너덜 벗겨졌습니다. 머리카락도 빠져 스스로 "귀신같다"고 시집에도 써놓으셨습니다. 아마 심한 아픔도 있었을 것입니다. 관절도 다쳐 약해진 손에 펜을 들고 열심히 시와 소설 등을 쓰셨습니다. 전쟁을 증오하고 전쟁의 참혹함을 전하고자 열심히 산 사람이었습니다. "생활도 어려울 때에 평화기념상은 먹을 수 없다"며 1955년, 기념상에 많은 비용을 들여 건립한 것을 듣고 신문에 투고한 분입니다.

나도 후쿠다 씨의 뒤를 이어 살아가는 사람으로서 가능한 한 반핵, 평화 운동을 이어 가고 싶은 마음 가득합니다. 부족한 나의 피폭 체험이지만, 조금이라도 평화운동에 도움이 되셨으면 합니다.

(1986년 8월 8일 '나가사키원폭문제 기독교신자협의회 주최

제4회 반핵평화세미나'에서)

제7부

. . . .

일본 정부의 책임을 묻는다

原爆과 朝鮮人

1. 조선인 피폭자를 죽게 방치한 정책을 쏘다

1968년, 두 사람의 피폭 한국인이 관광비자로 일본에 와 히로시마에서 치료를 받았는데, 다음해 손진두(孫振斗) 씨가 치료를 위하여 '밀입국'한 것은 사회적으로 큰 문제가 되었다. 이것이 계기가 되어 재한피폭자의 도일 치료제도가 시작되었다. 손 씨는 출입국관리령 위반으로 수감돼 재판에 회부되었지만, 피폭자 수첩 교부를 신청하여 각하되었어도 행정소송을 냈던 것이다. 1978년 3월, 최고재판소는 "원폭의료법에는 국가보상적 배려가 제도의 근저에 있다. 피폭자로서 현재 일본에 현존하는 한 동법은 적용된다"라고 판결. 이에 손 씨는 속지주의에 의한 원폭2법(원폭의료법과 동(同)특별조치법)을 적용받아 치료의 길이 열리게 되었다.

그러나 한국에서는 이미 전쟁배상청구권을 포기한 1965년의 '한일조약' 체결 후에도 '한국원폭피해자협회'(1967년 7월)가 발족하고, 11월에는 보상요구를 내걸고 20명이 일본대사관을 향하여 시위를 하는 등 피폭자 당사자 운동이 시작되고 있었다. 손 씨의 최고재판소 판결 후인 1979년 6월 25일, 한국에서 열린 한일 여당회의에서 '재한피폭자 치료에 관한 4개 항목 합의서'가 조인되었다. 그 내용은 ①한국인 의사의 일본 초청 연구, ②일본인 전문의를 한국으로 파견하여 치료 지도를 행한다, ③재한피폭자의 도일 치료에 일본이 최대한의 편의를 도모하며, 그 구체적 방법은 양국 정부 간에 협의를 한다, ④이상 중, 가능한 것부터 3년 이내에 실시한다는 것이다. 이 합의 내용을 일본 후생성과 한국 보건사회부에서 결론을 내기로 했으나, 일본 측은 외무성 관할인 일본국제협회사업단이 처리하기로 했다. 일본 정부의 자세는 단순히 인도적 견지에서의 협력, 대외 경제 협력의 일환인 기술 협력으로서 실시하는 것으로 조선 식민지화, 강제연행, 강제노동에 대한 전후책임·법적 책임으로서 행하는 것이 아닌 것이다.

그러므로 1980년 11월 18일 우선 10명이 일본에 와서 히로시마원폭병원에서 치료를 받았다. 이듬해 11월 14일, 양국 간에 '재한 원폭피해자 도일 치료 실시에 관한 합의서'가 체결되고, ①도일 치료자에게 도일 후 즉시 피폭자 건강수첩을 교부한다, ②입원 시기는 2개월 이내를 원칙으로 최장 6개월로 한다, ③수용 인원은 연간 100명으로 도일 치료에 필요한 경비는 한국이 왕복 여비를 부담하고, 일본이 원폭2법에 근거하여 입원 중의 급부 및 건강 관리 수당, 특별 수당 등 각종 수당을 지급한다, ④합의서는 5년간 효력을 가진다로 정해졌다. 치료대상자는 일본에서 후생성 조사단을 파견해 선정하기로 했다.

이에 따라 1981년 9명, 1982년 26명, 1983년 69명, 1984년 88명, 1985년 58명이 도일 치료를 받았다. 올해는 84명이 예정되어 있다. 그러나 일본 측이 100명 수용을 준비하던 지난해 한국 정부는 40명분의 도항비를 삭감했는데, 일본 민간 단체('한국의 원폭피해자를 구원하는 시민의 모임', 대표 마쓰이 요시코(松井義子) 씨의 지원으로 겨우 실현됐다.

당초 합의사항 중 실현된 것은 도일 치료뿐인데, 한국 정부는 비공식적으로 한국원폭피해자협회에 대해 도항비 지급 중단을 표명하고 일본 정부는 그에 대해 전혀 대응하려 하지 않는 것이다. 1981년부터 5년을 예상하고 시작된 제도는 불과 300명도 채 안 된 상태에서 실시되었을 뿐 중단되려 하고 있다. 재한피폭자 2만 명으로 추정됨에도 불구하고 도일 치료를 받은 사람은 불과 300명도 되지 않는다는 것이다.

'나가사키 재일조선인의 인권을 지키는 모임'에서는 1984년 10월 나카소네(中曾根) 수상에게 ①조선 각지에 원폭종합병원을 건설하고 피폭자 치료에 최선을 다하라, ②원폭피해자를 위해 복지 센터를 건설하라, ③피해자 치료 일본인 전문의를 파견, 일본 유학 등을 통한 한국 전문의의 양성, ④원폭피해자 치료비의 일본 정부 부담, ⑤도일 치료자 수의 대폭 증가와 치료 기간 연장, 도일 여비의 일본 정부 부담, ⑥ 피폭 1, 2세에 대한 진료 경비의 일본 정부 부담 등을 요구하였다. 일본 정부는 조선 침략, 한일합병, 강제연행, 강제노동 등에 대한 책임으로서, 이러한 요구를 시급히 해결해야 한다(그 책임은 북부 조선에 있는 피폭자에 대해서도 취해져야 한다).

　재한피폭자의 일본 방문 치료 중단, 그것은 전두환 방일에 의한 '한일신시대'의 문제인 것이다. 전두환·히로히토(裕仁) 회담에서 히로히토는 "양국 간에 불행한 과거가 있었던 것은 유감"이라고 발언했는데, 이에 따라 한일 관계에서 전후는 끝났다고 정부 등은 평가한 것이다. 그리고 전두환은 일본에서 제기된 지문 날인 문제를 가지고 '재일, 한국거류민단'을 통해 수습 압력을 가하고, 귀국 후 재한피폭자의 도일 치료 중단 의사를 표명하였던 것이다. 한국 정부로서는 전후 처리 문제는 '일본 정부에 대한 경제 원조, 기술 원조를 위한 거래 재료'에 지나지 않는 것이다. 일찍이 '교과서 문제'로 관제 시위를 조직하고 일본 정부의 사죄로 간단히 결말을 낸 것도 그러했다.

　전국 각지에서 생겨난 '지문날인 거부를 생각하는 모임'이 조선인 피폭자 문제에 무관심한 것은 용서할 수 없는 것이다.

　우리는 일본 정부의 책임 방기와 한국 정부의 민중 억압을 철저히 추궁해야 한다. '한일신시대에 이름을 빌린 위험한 한일 관계'의 되묻기를 요구하는 동시에 조선인 피폭자를 그 거래 대상으로 하는 '피폭자 죽이기 정책'을 철저히 규탄한다.

2. 역사 날조를 허락하지 말라! '후지오 폭언'에 엄중 항의한다
–나카소네 내각은 미래에 대한 증거로 총사직하라–

나카소네 내각은,『문예춘추』올해 10월호에 '한일합병'은 한국 측에도 책임이 있다는 취지의 폭언을 뱉어 문제가 된 후지오 문부대신을 9월 8일 파면시켰다. 그러나 이것으로 문제가 종결되기에는 너무나도 중대한 내용을 포함한 폭언이었다고 하지 않을 수 없다.

첫째로, 후지오 발언은 역사상 분명한 사실을 고의로 '오인'해 의도적으로 역사 날조를 도모하려 한 것으로, 그것은 '강도의 논리'와도 같은 비열한 행위이다. 그런데도 각료이기 때문에 '경솔함'이나 '용기'를 들어 지적하거나 동정하는 각료가 있기도 하고 사상, 표현의 자유를 방패로 동조하는 정치가가 많은 것도 실로 불길한 일이다.

파면 이유도 폭언의 대외 배려 결여와 조선 민족의 존엄을 훼손한 것만을 표면에 들고, 폭언의 근간을 이루는 '역사의 은폐와 날조' 그 자체의 책임을 정면으로 묻는 것은 아니었다.

둘째로, 후지오 발언은 일본의 침략과 전쟁의 희생물이 된 조선인을 우롱하고 모욕하는 것이다. 1945년 일본 패전 전, 많은 조선 인민을 강제연행하여 강제노동에 종사시키고 착취, 학대, 학살, 그 끝에 원폭 피폭을 맞게 하고 또 군인·군속, 종군 위안부 등으로 몰아내고, 전후에는 '제3국인'이라 부르며 '외국인'으로 잘라내고 국가 포상이나 사회 복지의 대상 외로 삼고, 그 유가족에 대한 한 조각의 반성조차 보이지 않았다. 따라서 이번 후지오 발언은 '전후 총결산'은커녕 전쟁 전의 총결산까지도 게을리 해 온 역대 일본 정부의 무책임이 초래한

필연적인 폭언 사건일 수밖에 없다.

셋째로, 후지오 발언은 재일조선인에 대한 전후 일관된 박해 정책을 정당화하는 것이다. 지문 날인, 강제수용, 강제송환(국외 추방)으로 상징되듯이 재일조선인을 치안 대상시하여, 기본적 인권을 박탈하고 차별, 동화, 추방 정책을 계속하는 일본 정부의 속내를 대변하였다는 것이라는 점에서 바로 폭언의 본질이 있다. 따라서 한 대신의 파면으로 사건 수습을 서두른 것도, 여론이 이러한 문제의 핵심에 이를 것을 우려한 단순하고 긴급한 피난적인 조치가 아닐 수 없다. 실제로 일본 정부가 '인권 탄압 해소'를 행할 조짐은 전혀 볼 수 없다. 여기에 재일조선인의 강요된, 고난의 생활사를 전혀 생각하지 않는, '가해국(민) 일본'의 피도 눈물도 수치도 체면도 없는 교활함이 철저하게 비판받아야 할 이유가 있다.

마지막으로, 후지오 발언은 문부대신 스스로가 자국의 근대사를 왜곡하고 부끄러워하지 않는 가공할만한 교육의 황폐함을 말해줌과 동시에 일본 역사 교육의 왜곡된 현주소를 여실히 보여준다. 이번 후지오 발언은 '일본을 지키는 국민회의'가 편집한 복고조 교과서 '신편 일본사'의 문부성 검정에 얽힌 몇 일전 그의 최근 폭언과 맞닿아 있다. 따라서 그것은 단지 문부대신의 개인적인 폭언이라 할 수 없고, 역사를 올바르게 후세에 전한다고 하는 교육의 기본에 입각하고 있지 않은 문부성 자체의 체질까지도 폭로한 것이라고 하지 않을 수 없다.

이상의 여러 점을 근거로 해 우리는 후지오 발언을 놓고 문부대신 한 사람의 책임으로 귀착될 문제가 아니라고 생각한다. 또 후지오 씨의 사상의 신조를 숙지하면서, 그를 문부대신으로 입각시킨 수상의 책임은 진실로 중대하다. 이때, 잘못된 역사관을 정부가 몸소 불식하고 앞으로 일본이 성의 있게 침략의 가해책임을 완수해 나갈 것을 증거로 여기 나카소네 내각의 총사퇴를 강력히 요구하며, 9월 20일 수상 방한에 반대한다.

1986년 9월 13일

참고
문헌

1) 미쓰비시광업시멘트주식회사 발행, 미쓰비시광업시멘트 총무부사사 편집실 편집, 『미쓰비시광업사사』(1976년 5월 24일 인쇄, 6월 1일 발행)

2) 동경전기대학출판국 발행, 아쿠이 요시타카(阿久井喜孝), 시카 토시자네(滋賀壽實) 편저, 『군함도실측조사자료집』(1984년 3월 31일 발행)

3) 미래사 발행, 박경식 저, 『조선인 강제연행의 기록』(1965년 5월 31일 발행)

4) 하시마탄갱노동조합 편집, 발행, 『군함도-하시마탄갱 해산기념지』(1974년 1월 1일 발행)

5) 현대사출판회 발행, 도쿠마(德間)서점 발행, 하야시 에다이 저, 『강제연행, 강제노동-지쿠호 조선인 갱부의 기록』(1981년 12월 31일 발행)

6) 미쓰비시석탄광업주식회사다카시마광업소 발행, 『미쓰비시다카시마광업소 백년의 길』(1981년 4월 발행)

후 기

'하시마 자료'를 발견한 것은 1984년 가을. 하시마가 폐광되어 무인도가 된 1974년으로부터 만 10년 후였다. 우리가 이를 영구히 창고에 잠재우는 것은 망국의 한을 삼키고 죽음에 이른 수많은 조선인들을 외면하는 일이자 일본 제국주의가 저지른 범죄를 면죄하는 일이다. 본회는 지금 이를 조사, 분석하여 그 비참한 죽음의 의미를 밝혀두는 것이 일본인으로서 당연한 책무라고 생각하고 이 자료를 임해왔다.

당시 관계자를 찾아 조선인 노동자에 관한 증언을 얻는 것은 지난한 작업이며 관계 문서를 앞으로 더 입수하는 것도 극히 어려운 일이다. 그러나 조금씩이라도 그 전모를 명확히 하는 작업은 요청되고 있다. 그 속에서 우리와 조선 사람들 사이에 진정한 연대의 유대가 형성되어 갈 것임을 확신하고 싶다.

본서는 다카시마쵸 기획조사실장 도이 사토시(土居訓) 씨, 노모자키쵸 동장 다카히라 요네오 씨, 나가사키대학 조교수 후나코에 고이치 씨, 니시지마 노리토모 씨, 야리타 에조 씨, 나가사키총합과학대학 교수 다카하시 신지 씨 및 고분샤(光文社) 인쇄 사장 사네후지 다쓰시(實藤達志) 씨 등의 협력을 얻어 간행할 수 있었다. 여기에 감사의 뜻을 표한다.

1986년 8월 31일
오카 마사하루
다카자네 야스노리
도쿠나가 사치코

1. 목적

본회는 재일조선인의 인권을 지키기 위해 그 취지에 찬동하는 모든 사람들과 연대하여 광범한 활동을 전개하는 것을 목적으로 한다.

2. 명칭, 사무소

본회를 '나가사키 재일조선인의 인권을 지키는 모임'이라 하고, 사무소를 나가사키시 고젠(興善)마치에 둔다.

3. 조직

1) 본회는 목적에 찬동하고 행동하는 개인으로 조직한다. 가입, 탈퇴는 임원회의에서 결정하고 총회에서 확인한다.
2) 본회에 다음의 임원을 두고 임기를 1년으로 한다. 다만, 재임도 무방하다.

　　대표 1명
　　사무국장 1명
　　사무국원 약간 명

3) 필요에 따라 전문 부서를 둘 수 있다.

4. 결정기관

1) 총회

본회의 최고결의기관을 총회로 하며, 매년 1회 개최한다. 필요에 따라 임시총회를 열 수 있다.

2) 임원회의

임원으로 구성하고, 필요에 따라 열 수 있다.

임원회의는 총회 폐회 중, 총회의 위임을 받은 사항을 검토, 결정한다.

결정은 만장일치로 한다.

5. 활동

1) 매월 1회 정례회를 열고 학습 및 기타 활동을 한다.
2) 그 외, 필요한 사항에 관하여 수시로 활동을 한다.
3) 수시로 기관지를 발행한다.

6. 재정

본회 활동에 필요한 재원은 회비 및 기부를 통해 이루어진다.

정례회 등의 경비에 대해서는 그때마다 납입하는 것으로 한다.

이들 금액에 관해서는 별도로 정한다.

7. 부칙

이 회칙은 1980년 7월 1일부터 효력을 발생한다.

　2017년 『군함도에 귀를 기울이면 ─ 하시마에 강제 연행된 조선인과 중국인의 기록』을 출판하고, 6년이 지나 그 원점이라 할 『원폭과 조선인 ─ 하시마의 신음소리(발굴 '하시마 자료'가 던지는 질문)』 제4집을 출판하게 되었다. 『원폭과 조선인』은 전 7권으로 순서대로 출판하여야 마땅하지만, 하시마가 2015년 세계유산으로 등록되고, 2020년 산업유산정보센터가 동경에 설립되었음에도 불구하고 조선인 강제동원과 강제노동은 2023년 현재도 일본 정부에 의해 여전히 부정당하고 있기에 하시마를 기록한 『원폭과 조선인』 제4집을 서둘러 먼저 출판한다.

　하시마 자료란 1925년부터 1945년까지 21년에 걸쳐 하시마에서 사망한 일본인, 조선인, 중국인의 사망을 기록한 것으로 여기에는 조선인 122명의 기록이 남아 있다. 본서는 사망자 실태 조사 분석을 실시했는데, 폐쇄적인 작은 섬에서 일어난 일이기에 강제동원의 전체상을 파악할 수 있다. 한편으로 하시마는 일본의 축소판으로 이의 분석은 일본 전체의 강제동원 실상을 파악하는 데 기여한다 하겠다.

　이 책은 시의원, 목사, 시민활동가로 활동한 오카 마사하루의 헌신적인 노력에 의해 결실을 맺었는데, 종교가로서의 오카 마사하루는 그의 자서전 『오직 한길로』에서 회심을 "자신의 죄를 알고, 그것을 후회하며, 기독교의 십자가로 죄에 대한 용서를 받고, 새롭게 태어난다"고 정의한다. 『원폭과 조선인』은 죄에 대한 자각과 적시를 위한 오카 마사하루의 필사의 노력으로 조선인이 어떻게 강제동원당하고, 피폭

되며, 차별받았는가를 드러낸 것으로, 지금까지 역사의 어둠 속에 감춰진 소외된 인간에 초점을 두고, 일본의 공식적인 역사에 저항하는 기억과 증언을 모은 보고서라고 할 수 있다.

증언 채록은 망자의 인간성 회복을 위한 실천적 행위로, 증언을 통하여 인간 이하의 그 무언가로 남을 것이 증언자와 청자가 그 상황을 비판함으로써 증언 속의 약자, 조선인은 인간으로 되살아난다. 그러면 증언은 누가 하여야 하는가. 비극적 상황의 기획자도 증언은 할 수 있으나 증언의 목적이 망자의 인간성 회복이라고 할 때, 증언의 주체가 누구여야 할 것인가는 새삼 중요한 물음이 된다. 오카 마사하루는 생존자로서의 서정우 씨의 증언에 주목한다. 그는 의령에서 강제동원 당하여, 하시마에서 가혹한 노동을 겪어야 했고, 나가사키 미쓰비시 조선소에서 중노동하던 때, 피폭을 당하였다. 그의 증언이야말로 강제동원, 강제노동과 원폭으로 죽을 수밖에 없었던 망자와 생자를 잇는다. 오카는 생존자에게서 망자가 말하고자 한 이야기를 간파하고, 전달하는 권리가 있음을 인정하고 존중했다.

서정우-오카는 제도 밖에서 이루어진 만남으로 오카는 회심과 속죄의 태도로 말을 구하여 듣기를 원하고, 그의 숨은 목소리를 세상에 알리고자 하였다. 서정우 씨는 재일조선인으로 주변부 인물이다. 이름 없는 개인과 개인의 만남은 책임과 의무에 기반한 윤리성과 사회적 구조 속에 방치되고 있던 존재에 관하여 귀를 기울이는 노력으로써 아래로부터의 역사가 형성된다.

이 책을 출판하는 데는 많은 분의 도움이 없었다면 불가능하였을 것이다. '나가사키 재일조선인의 인권을 지키는 모임' 사무국장이신 시바타 토시아키(柴田利明) 씨는 번역을 항상 격려해주셨으며, 원서에 없던 사진, 그림 자료를 제공하여 주셨다. 구니타케 마사코(国武雅子) 씨는 번역자가 알 수 없는 많은 인명, 지명, 표현 등에 대해서 친절하고 상세히 알려주셨다. '합천평화의집' 이남재 원장님과 한정순 선생님은 번역에 전념할 수 있도록 장소를 제공하여 주셨다. 감사의 말씀을 드린다. 끝으로 선인 출판사의 윤관백 사장님과 편집부 여러분께 큰 감사의 말씀을 드린다. 도서 출판 시장이 불황인 가운데에도 흔쾌히 이 책의 출판을 허락해주시어 이 책이 세상의 빛을 누리는 영광을 가지게 되었다. 마음을 담아 깊은 감사의 말씀을 드린다.

2023년 5월 1일

박수경